¡Nos vemos!

Paso a paso 3

Libro del alumno A2.1

Eva María Lloret Ivorra
Rosa Ribas
Bibiana Wiener
Margarita Görrissen
Marianne Häuptle-Barceló
Pilar Pérez Cañizares

Autoras
Eva María Lloret Ivorra
Rosa Ribas
Bibiana Wiener
Margarita Görrissen
Marianne Häuptle-Barceló
Pilar Pérez Cañizares

Asesoría y revisión
Antonio Béjar, José Ramón Rodríguez

Coordinación editorial y redacción
Mónica Cociña, Pablo Garrido, Dr. Susanne Schauf, Beate Strauß

Diseño y dirección de arte
Óscar García Ortega, Luis Luján

Maquetación
Luis Luján

Documentación
Andrea Fiumara, Olga Mias

Ilustración
Jani Spennhoff, Barcelona

Fotografías
Cubierta Getty Images **Unidad 1** pág. 6 rmkoske/Flickr, Tommy Ingberg/Istockphoto, Vyacheslav Shramko/Istockphoto, Natallia Bokach/Istockphoto, Mark Herreid/Istockphoto, Ivan Gulei/Istockphoto, Jitalia17/Istockphoto, Rafa Irusta/Istockphoto, sumnersgraphicsinc/Istockphoto, Guillermo Lobo/Istockphoto, NoDerog/Istockphoto; pág. 8 Alex Chang/Flickr, robert van beets/Istockphoto; pág. 9 Vicente Barcelo Varona/Istockphoto, compostelavirtual.com/Flickr, Marianne Huptle-Barcelo/klett; pág. 11 wayra/Istockphoto, Christian Haugen/Flickr; pág. 12 Geir Pettersen/Getty Images, Elifranssens/Dreamstime, Živa Kirn/Istockphoto, Klett-Archiv; pág. 15 Pilar Klewin/klett, Matt Riggott/Flickr, Véronique Debord-Lazaro/Flickr, Anoldent/Flickr; **Unidad 2** pág. 16 Quim Llenas/Cover/Getty Images; pág. 17 PD/Wikimedia commons; pág. 18 Birgitte Magnus/Istockphoto, Voyagerix/Istockphoto, Nikada/Istockphoto, Andrey Shchekalev/Istockphoto, Carmen Martínez Banús/Istockphoto, Ingmar Wesemann/Istockphoto, Chris Schmidt/Istockphoto, René Mansi/Istockphoto, Stephen Moore/Istockphoto, William R. Minten/Istockphoto, Webphotographeer/Istockphoto, Diakowa-Czub/Istockphoto, Blackred/Istockphoto, Joselito Briones/Istockphoto, René Mansi/Istockphoto; pág. 19 hypergon/Istockphoto, Mustafa Hacalaki/Istockphoto; pág. 20 Oleksii Popovskyi/Istockphoto, Ana Sousa/Istockphoto; pág. 21 Hauhu/dremstime; pág. 22 Marko Kudjerski/Flickr; pág. 25 Alastair Rae/Flickr, Phillie Casablanca/Flickr, Cordyph/Flickr, Addy Cameron-Huff/Flickr, Tae Sandoval Murgan/Flickr, Klett-Archiv; **Unidad 3** pág. 26 Ulises Estrada/Flickr, Mario Castro/Flickr, Jose del Corral/Flickr; pág. 30 Francisco Javier Martín/Flickr; pág. 31 Chocolates Valor SA; pág. 33 Lawrence of Arabia/Wikimedia commons; pág. 35 Klett-Archiv, Carlos Adampol/Flickr, Juan Pablo Olmo/Flickr, Matt Riggott/Flickr, Alberto Patrian/Secretaría de Turismo Argentina.; **CUADERNO DE EJERCICIOS Unidad 2** pág. 49 Pablo Sánchez/Flickr; pág. 51 Thechef/Istockphoto, Floortje/Istockphoto; **Unidad 3** pág. 59 Tom Gufler/Istockphoto.

Todas las fotografías de www.Flickr.com están sujetas a una licencia de Creative Commons (Reconocimiento 2.0 y 3.0).

Audiciones
Estudio de grabación Tonstudio Bauer GmbH, Ludwigsburg y Difusión.
Locutores Bibiana Abelló, José María Bazán, Mónica Cociña, Grizel Delgado, Carlos Fernández, Miguel Freire, Pablo Garrido, Helma Gómez, Pilar Klewin, Eva Llorens, Lucía Palacios, Ernesto Palaoro, Carmen de las Peñas, Pilar Rolfs, Verónica Romero, Roberto Sánchez **Música** Difusión **Ambientes** dobroide, inthecad, Tim Kahn, pagancow, Regenpak, partymix.

Agradecimientos
Bibiana Abelló, Barbara Ceruti, Agustín Garmendia, Eva Llorens, Edith Moreno, Laia Sant, Sergio Troitiño, Pol Wagner.

Agradecemos especialmente la colaboración en la sección Panamericana de Víctor Aguilar, Helma Gómez, Evelyn Guzmán, Matilde Guzmán, Héctor Inca, Hortensia Malfitani, Hilda Mateo y Pilar Rolfs.

Queda prohibida cualquier forma de reproducción, distribución, comunicación pública y transformación de esta obra sin contar con autorización de los titulares de propiedad intelectual. La infracción de los derechos mencionados puede ser constitutiva de delito contra la propiedad intelectual (arts. 270 y ss. Código Penal).

¡**Nos vemos!** está basado en el manual **Con gusto**.
© de la versión original (*Con gusto*): Ernst Klett Sprachen GmbH, Stuttgart 2009. Todos los derechos reservados.
© de la presente edición: Difusión, S.L., Barcelona 2011

ISBN: 978-84-8443-801-4
Depósito legal: B-19.518-2015
Reimpresión: julio 2015
Impreso en España por T. G. Soler

Índice

1 Caminando 6

Recursos comunicativos y situaciones
- La ropa y los colores
- Describir la rutina diaria
- El tiempo
- Hacer comparaciones
- Señalar algo
- Recomendar algo
- Describir un proceso

Dosier: Organizar una excursión

Gramática
- Los adjetivos de colores
- Verbos reflexivos
- Verbos del grupo **-zc-**
- Comparativo y superlativo
- La preposición **a** con el objeto directo de persona
- Los pronombres demostrativos **este/-a** y **ese/-a**
- El gerundio

Cultura
- El Camino de Santiago en España
- El Camino Inca al Machu Picchu

Panamericana: Perú

2 Tengo planes 16

Recursos comunicativos y situaciones
- Hacer una propuesta y reaccionar
- Quedar
- Dar una definición
- Pedir en un restaurante
- Modos de preparación (*al horno…*)
- Valorar la comida

Dosier: Un viaje de fin de semana

Gramática
- Preposición + pronombre (**para mí, conmigo…**)
- El uso de **saber** y **poder**
- Frases de relativo con **que** y **donde**
- Adjetivos de nacionalidad
- **otro/-a, un poco más de**
- El futuro con **ir a** + infinitivo

Cultura
- El diseñador Javier Mariscal
- La importancia de salir a comer
- En el restaurante

Panamericana: Chile

3 Mi nueva casa 26

Recursos comunicativos y situaciones
- Describir un piso
- Nombrar los muebles y los electrodomésticos
- Hacer cumplidos y reaccionar
- Dar datos sobre la biografía
- Hablar del pasado

Dosier: El álbum de la clase

Gramática
- Cuantificadores (**la mayoría, algunos, nadie**)
- El indefinido de los verbos regulares
- El indefinido de **ser** e **ir**

Cultura
- La vivienda en España
- Reaccionar a un cumplido
- El artista del chocolate Xiu Xiul
- El origen del chocolate y su viaje a España

Panamericana: Argentina

4 Mirador 36

- Similitudes y diferencias culturales
- Autoevaluación teórica y práctica
- Aprender a estudiar: trabajo con vocabulario, comprensión auditiva, terapia de errores
- Hablar y jugar

Audios descargables gratuitamente en:
www.difusion.com/nosvemos_pap3_mp3

Estructura de ¡Nos vemos!

¡Nos vemos! Paso a paso es un manual para descubrir el mundo de habla hispana y aprender a comunicarse en muchas situaciones de la vida cotidiana. En un mismo libro se ofrecen el Libro del alumno y el Cuaderno de ejercicios.

Cada unidad del Libro del alumno tiene la siguiente estructura:

Una página doble de **portadilla** presenta los objetivos, activa los conocimientos previos e introduce el tema de la unidad.

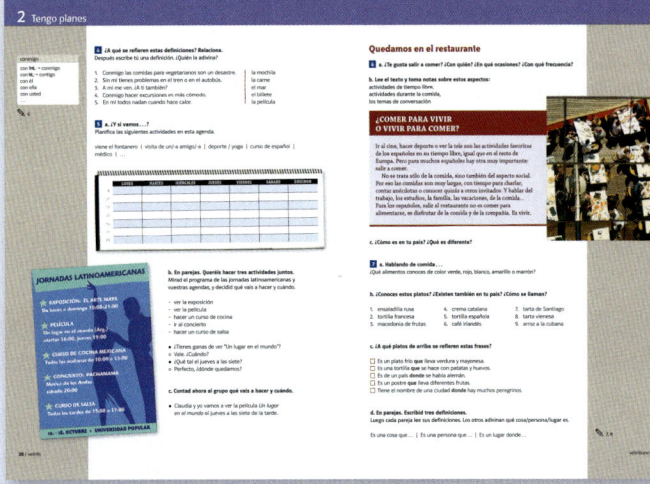

Tres páginas dobles forman el corazón de la unidad. Contienen textos vivos e informativos para familiarizarse con el idioma y actividades para aplicar de inmediato lo aprendido.

Una **tarea final** servirá para convertir los conocimientos adquiridos en algo práctico para la vida real. Junto con sus compañeros, el estudiante elaborará un "producto" que podrá guardar en el dosier de su portfolio.

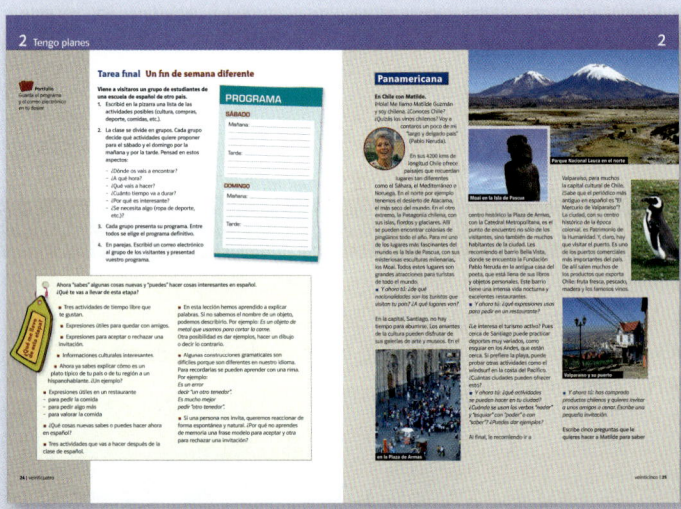

¿Qué me llevo de esta etapa? es una sección ideada para dar cabida a las necesidades personales del alumno. Aquí reflexionará sobre los aspectos de la unidad necesarios para él, conocerá las estrategias que ha usado consciente o inconscientemente y encontrará consejos que le facilitarán el aprendizaje.

En el apartado **Panamericana**, toma la palabra una persona que habla de su propio país. De esta manera, a lo largo del manual se realiza un interesante recorrido cultural por toda Latinoamérica.

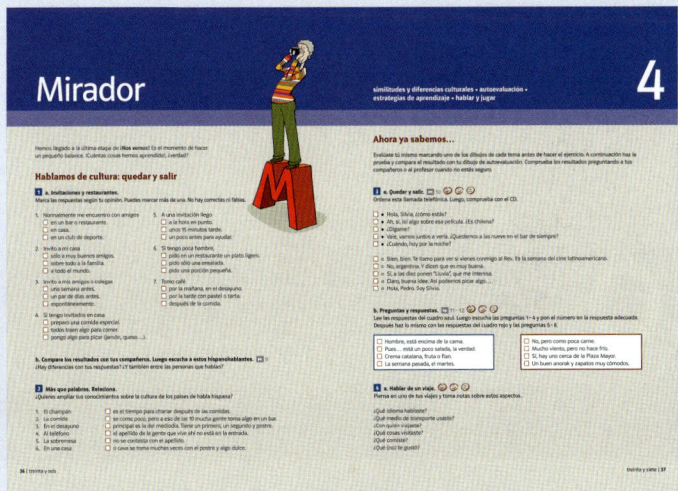

Cada libro se cierra con una **unidad de revisión**, llamada **Mirador**, en la que se ofrece una vista global sobre todos los conocimientos lingüísticos y culturales adquiridos. Además, estas unidades de repaso permiten experimentar con las estrategias de aprendizaje y tratar los errores. Al final, el propio estudiante elaborará un juego para repetir la materia.

Estructura del Cuaderno de ejercicios

Las unidades del Cuaderno de ejercicios proporcionan:

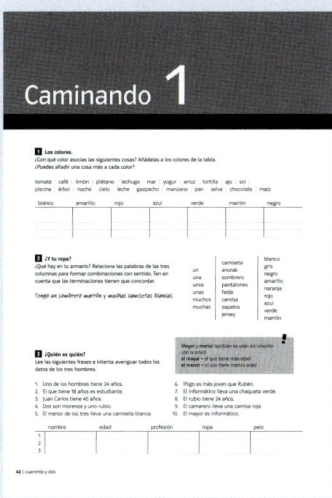

Numerosas actividades para consolidar el vocabulario y la gramática vistos en el Libro del alumno.

Una actividad orientada al español de los negocios con carácter opcional en la sección **Mundo profesional**.

Una **sección dedicada a la fonética (Pronunciar bien)** en la que se dan consejos relacionados con ciertas características de la pronunciación del español. El estudiante reflexiona y practica.

Un apartado (**Portfolio**) en el que el estudiante tendrá ocasión de **autoevaluar su progreso**.

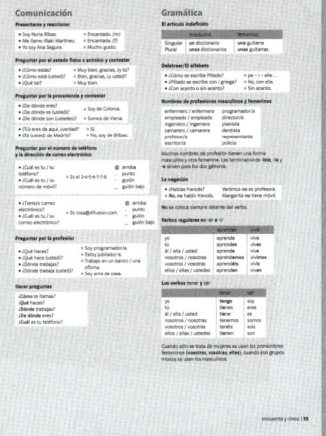

Un **resumen gramatical** en el que se recogen los **recursos lingüísticos** de cada unidad.

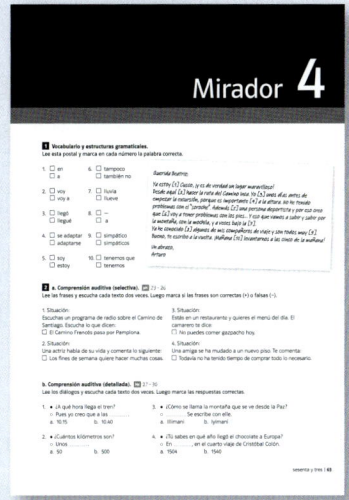

Como en el Libro del alumno, cada **Mirador** sirve para hacer un alto en el camino y **comprobar los conocimientos adquiridos mediante tests**.

Símbolos utilizados en el libro:
- audiciones del libro junto con los números de las pistas
- ejercicio adicional en el Cuaderno de ejercicios
- actividad que implica ir por la clase y preguntar a varios compañeros

Caminando

jersey gris, 69€
gafas de sol, 69€
mochila roja, 49€
sombrero amarillo, 19€
anorak azul, 99€
camiseta naranja, 29€
neceser, 15€
camisa a rayas, 49€

1

la ropa • los colores • el tiempo • hablar de la rutina diaria •
hacer comparaciones • dar consejos • decir lo que está sucediendo

botas marrones, 149€

pantalones azules, 119€

falda azul, 29€

1 a. Mira las imágenes extraídas del catálogo de una tienda de ropa y complementos.
¿Qué tipo de viaje crees que puede hacer una persona con estas cosas?

Un viaje de negocios
Una ruta de senderismo de tres días por la montaña
Un safari

b. En parejas. ¿Qué hay en tu mochila?
Haz una lista con tres de los objetos, pero en otro color. Tu compañero los tiene que adivinar. Tú sólo puedes contestar con 'sí' o 'no'. Luego, al revés.

prenda de ropa	color
1.	
2.	
3.	

- ¿Hay un jersey azul en tu mochila?
- No.
- ¿Un jersey rojo?
- …

 1, 2

blanco/-a
negro/-a
rojo/-a
amarillo/-a
gris
azul
verde
marrón
naranja
a rayas

1 Caminando

El Camino de Santiago

2 a. El autor de una guía turística habla del Camino de Santiago. ▶▶ 1
Primero relaciona las frases. Después escucha la entrevista con Suso Figueroa.

1. El Camino de Santiago es
2. La gente hace el Camino
3. La ruta más famosa
4. La mejor época para hacer el Camino
5. Los albergues de peregrinos

es la primavera.
por motivos turísticos o religiosos.
una ruta de peregrinación.
son alojamientos sencillos y baratos.
es el Camino Francés.

b. Lee las frases y luego escucha otra vez. ¿Son verdaderas o falsas?

1. **La** ruta **más** famosa es el Camino del Norte.
2. El Camino del Norte es **más** largo **que** el Camino Francés.
3. Los motivos turísticos son **tan** importantes **como** los motivos religiosos.
4. **La mejor** época para ir a Santiago es verano, en julio o agosto.
5. Los albergues son **más** baratos **que** los hoteles, pero tienen **menos** comodidades.

c. La comparación. Lee otra vez las frases y completa la tabla.

La comparación	
Desigualdad	Los hoteles son .... caros .... los albergues. Los albergues cuestan .... **que** los hoteles.
Igualdad	El Camino del Norte es **tan** bonito **como** el Camino Francés.
Superlativo	La ruta .... famosa es el Camino Francés. El mes **menos** atractivo es enero.

las estaciones del año
la primavera
el verano
el otoño
el invierno

comparativos irregulares
grande → mayor
bueno → mejor
malo → peor

 3-5

3 ¿Más o menos? ¿Qué piensas tú?
Completa las frases con los comparativos. Luego, comparad los resultados.

1. Los hoteles del Camino son .... cómodos .... los albergues.
2. Para caminar, una mochila es .... práctica .... una maleta.
3. Para caminar es .... llevar zapatos .... sandalias.
4. En abril y mayo hay .... turistas .... en julio o agosto.
5. Enero y febrero son los meses con .... peregrinos.
6. Llevar una chaqueta no es .... práctico .... un anorak.

8 | ocho

El Camino, día a día

4 **a. La vida cotidiana de un peregrino.**
Lee el artículo y busca un título para cada párrafo.

EN CAMINO

Son las seis de la mañana. Sale el sol. Me levanto, me lavo y me pongo ropa cómoda. Desayuno con mis compañeros. Desayunamos bien porque necesitamos energía. El día es largo y queremos caminar muchos kilómetros. Todos nos ponemos también sombreros para no tener problemas con el sol.

Después de desayunar, estudiamos la ruta, nos concentramos en las etapas. Hemos dividido el camino en 30 etapas, caminamos unos 25 kilómetros cada día. A veces caminamos en silencio, a veces hablamos. Nunca nos aburrimos porque siempre hay cosas nuevas: conocemos a otros peregrinos de muchos países, vemos paisajes diferentes… No tenemos prisa. Cuando nos cansamos, hacemos una pausa y nos relajamos un poco. ¡Nuestros pobres pies!

Después de la comida, por la tarde, nos separamos. Yo sigo solo, a mi ritmo. Así tengo tiempo de tomar fotos, y hago pausas para escribir mi diario del viaje.

Por la noche dormimos en albergues para peregrinos. Nos duchamos y nos acostamos. Yo siempre me acuesto el último porque me gusta mirar las estrellas en el cielo. Si no llueve, claro…

b. Busca en el texto los verbos reflexivos.
Escribe los infinitivos en tu cuaderno.
¿Qué significan en tu idioma?
¿Tienen un funcionamiento diferente a otros verbos?

lavarse		
yo	me	lavo
tú	te	lavas
él / ella / usted	se	lava
nosotros/-as	nos	lavamos
vosotros/-as	os	laváis
ellos / ellas / ustedes	se	lavan

Generalmente los pronombres reflexivos **me**, **te**, **se**… van delante del verbo conjugado. Sin embargo, con el infinitivo pueden ir detrás de la terminación: Quiero lavar**me**.

c. ¿Qué hace el peregrino? Busca las actividades en el texto.
¿Y tú, qué haces en la vida diaria?

antes de caminar: _se levanta a las seis,_

durante el camino: _conoce a otros peregrinos,_

después de caminar: _se ducha,_

6–8

1 Caminando

conocer
conozco
conoces
conoce
…

- ¿Conoces **a** Eva?
- Sí, la conozco.

Cuando el objeto directo es una persona se usa la preposición **a**.

 9

5 a. ¿Por qué la gente hace el Camino?
Relaciona los elementos de cada columna para encontrar los motivos.

conocer visitar disfrutar encontrar	a de —	la naturaleza iglesias otros peregrinos gente del lugar la tranquilidad lugares históricos personas interesantes

- Mucha gente hace el Camino para conocer a otros peregrinos.

b. ¿Te duchas con agua fría? Pregunta a tus compañeros.
Averigua quién hace las siguientes cosas. ¿Quién encuentra primero por lo menos una persona para cada frase?

- ducharse con agua fría
- aburrirse en las fiestas familiares
- cansarse en la clase de español
- concentrarse bien con música
- relajarse delante de la tele
- ponerse gafas para leer
- levantarse antes de las siete
- acostarse después de las once

c. Presenta ahora a la clase algunos resultados de la encuesta.

6 a. Escucha a estas chicas que van a hacer el Camino de Santiago. 2
Marca en las páginas 6-7 las cosas que tienen que comprar.

	masculino	femenino
singular	**este** / **ese** jersey	**esta** / **esa** mochila
plural	**estos** / **esos** jerseys	**estas** / **esas** mochilas

b. Puedes comprar tres objetos de las página 6-7.
Dile a tu compañero qué quieres comprar y por qué.

- Quiero esta mochila porque es práctica.

c. Ahora preparas tu mochila para hacer una ruta de dos semanas.
No puedes llevar más de doce prendas. ¿Qué ropa llevas? Luego, comparad vuestras mochilas.

Este/-a hace referencia a cosas que están al alcance de la persona que habla, **ese/-a** a cosas que están al alcance de la persona que escucha o lejos tanto del hablante como del oyente.
Esto/eso se refiere a algo que no podemos o que no es necesario nombrar: *¿Qué es esto?*

7 Tres peregrinos muy diferentes.
Busca 10 diferencias entre los peregrinos. Después, en cadena, cada uno dice una diferencia. No se puede repetir.

- Jaime es más delgado que Manolo.
- Manolo no lleva gafas…
- …

10 – 12

El Camino Inca

8 **a.** Otro camino famoso es el Camino Inca en Perú. Lee estos consejos y marca la información más importante en cada uno.

b. ¿Estás preparado para hacer el Camino Inca? Contesta las preguntas.

- ¿En cuánto tiempo conviene hacer el camino?
- ¿Se puede ir solo?
- ¿Qué se puede hacer para evitar el mal de las alturas?
- ¿Qué tiempo hace en abril?
- ¿Cuándo llueve mucho?
- ¿Por qué se necesita un anorak?

CONSEJOS PARA EL CAMINO INCA

El Camino Inca en Perú va desde Cusco, la antigua capital del imperio inca, a Machu Picchu, la ciudad perdida de los incas. La ruta solamente se puede hacer en grupos pequeños y con un guía de una agencia de viajes autorizada. Estos son algunos consejos para recorrer estos 45 kilómetros:

- Para las personas que no son deportistas conviene hacer la ruta en cuatro días.
- El Camino llega a los 4200 metros de altura, por eso se recomienda pasar unos días en Cusco (3250 m) para acostumbrarse y así no tener problemas de soroche, el mal de las alturas.
- Los meses menos recomendados son enero, febrero y marzo, porque llueve mucho. En abril hace sol, pero a veces está nublado. Es mejor viajar en junio, julio o agosto: hace buen tiempo y las temperaturas llegan a los 21°.
- No conviene llevar niños a esta excursión.
- Se recomienda llevar zapatos cómodos y un anorak contra el viento y el frío.
- No es necesario llevar alimentos, la agencia de viajes organiza la comida.

9 **a. ¿Qué tiempo hace hoy?**
Mira las expresiones del tiempo en la columna de la derecha.

b. ¿Qué dices en estos casos? Relaciona.

¡Qué viento hace!
¡Qué frío hace!
¡Qué calor hace!
¡Cómo nieva!
¡Cómo llueve!

El tiempo:
- Hace sol.
- Hace calor.
- Hace frío.
- 5° Hace 5 grados.
- −5° Hace 5 grados bajo cero.
- Hace viento.
- Hace buen / mal tiempo.
- Está nublado.
- Hay niebla.
- Llueve.
- Nieva.

10 **¿Qué camino prefieres hacer, el de Santiago o el Inca?**
Apunta los pros y contras de cada uno.

1 Caminando

11 a. Recomendaciones para hacer una ruta a pie.
Completa las frases con tus ideas.

recomendaciones	
Se recomienda	llevar zapatos cómodos.
Es mejor	....
Conviene	....
No es necesario	....

b. Recomendaciones para viajar.
¿Qué le recomiendas a una persona que quiere hacer el Camino de Santiago, el Camino Inca, un safari o un crucero?

● Para hacer el Camino Inca conviene caminar despacio los primeros días.

- ponerse zapatos cómodos
- beber mucho durante el camino
- llevar ropa elegante
- caminar despacio los primeros días
- ponerse crema contra los mosquitos
- llevar papel higiénico
- llevar sombrero
- beber agua embotellada
- llevar ropa ligera
- llevar libros o revistas

12 a. ¿Cuáles de las frases están relacionadas con estas fotos del Camino Inca?
Escribe el número donde corresponda.

☐ Estamos en Cusco, esperando al guía.
☐ Estoy haciendo una pausa.
☐ Ernesto está haciendo fotos.
☐ Estamos desayunando.
☐ Estamos visitando una antigua ciudad inca.
☐ Roberto está hablando por teléfono.
☐ Estamos caminando.

b. Escucha a esta persona. ▶ 3
¿Quién es? ¿Con quién habla? ¿Qué están haciendo los dos?

c. En las frases hay una nueva forma: el gerundio.
Mira la tabla y marca en las frases de 12a los gerundios que aparecen.
¿Cuál es el infinitivo? ¿Cómo se dice en tu idioma?

estar + gerundio		gerundios regulares				gerundios irregulares	
estoy							
estás	hablando	hablar	-ar	→	-ando	decir	→ diciendo
está	bebiendo	beber	-er	→	-iendo	venir	→ viniendo
estamos	escribiendo	escribir	-ir	→	-iendo	dormir	→ durmiendo
estáis						leer	→ leyendo
están						ir	→ yendo

✎ 14

Para describir algo que está sucediendo en el momento de hablar se usa **estar + Gerundio:**
Estamos saliendo del hotel.
Atención:
con **estar + Gerundio** los pronombres pueden ir antes de **estar** o después del gerundio, pero nunca entre ellos.
Me estoy duchando.
Estoy duchándo**me**.

13 **En parejas. ¿Qué está haciendo tu compañero?**
Una persona representa con mímica una acción con uno de los siguientes objetos.
La otra adivina qué está haciendo. Luego, al revés.

una taza de café | un móvil | una cámara de fotos | un plato con comida |
un libro | un televisor | una guitarra | un ordenador | zapatos

14 **Una pausa en el Camino Inca.
¿Qué están haciendo estas personas?**
¡Cuidado! La persona que ha hecho
el dibujo ha olvidado algunos objetos.

15 **¡A jugar!**
En grupos de tres. Se necesitan tres fichas y una moneda.
Si sale cara: avanzar una casilla. Cruz: avanzar dos casillas.

SALIDA

Dos recomendaciones para ir de cámping.

Si llueve, avanza dos casillas.

¿Qué está haciendo?

¿Qué tiempo hace hoy?

¿Cuánta gente lleva zapatos marrones en la clase?

Describe la ropa que lleva la persona a tu izquierda.

Si hoy hace sol: dos casillas atrás.

Una frase con 'levantarse' y una con 'acostarse.'

Los meses de lluvias en el Camino Inca son...

¿Qué está haciendo?

¿Cuál es el monumento más antiguo de tu ciudad?

¿Qué dices si la temperatura es de 1°?

Describe la ropa que lleva la persona a tu derecha.

¿Qué dices si la temperatura ahora es de 35°?

Dos consejos para aprender vocabulario.

¿Qué dices si llueve todo el día?

¡FELICIDADES!

1 Caminando

Portfolio
Guarda tu folleto en tu dosier.

Tarea final Preparando una excursión

a. Un folleto para invitar a una excursión.
En grupos. Pensad en un lugar para hacer una excursión desde la ciudad en la que estáis y preparad un folleto. Podéis dar un nombre a la ruta, dibujar un logo y tener en cuenta los siguientes aspectos:

- ¿Dónde empieza la ruta?
- ¿Cuánto tiempo se necesita para hacerla?
- ¿Cuántas etapas tiene?
- ¿Qué se puede visitar en el camino?
- ¿Dónde conviene hacer una pausa?
- ¿Cuándo es mejor hacer esta excursión?
- ¿Por qué?
- ¿Qué ropa conviene ponerse?
- Consejos para los que quieren hacer la ruta (comida, equipaje…)

b. Presentad la ruta a los compañeros. Entre todos se decide qué excursión queréis hacer juntos.

LA RUTA DEL BOSQUE
el camino más verde del norte

RECORRIDO:
Va de… a… Son unos X kms.

ETAPAS:
La excursión se puede hacer en un día (x horas).

MONUMENTOS:
En el camino se recomienda visitar… porque…

CONSEJOS:
Conviene llevar…
No es necesario…

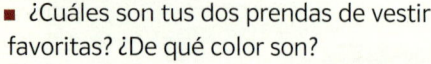

En esta lección hemos caminado por antiguas rutas y disfrutado de la naturaleza. ¿Qué te llevas de estas aventuras?

¿Qué me llevo de esta etapa?

- ¿Cuáles son tus dos prendas de vestir favoritas? ¿De qué color son?
- Cinco actividades que haces todos los días.
- Tres objetos que siempre llevas cuando vas de viaje.
- Informaciones interesantes sobre el Camino de Santiago y el Camino Inca.
- Piensa en tres personas: un amigo, un familiar y un compañero. ¿Qué están haciendo en este momento?
- Hablar del tiempo puede ser una manera de empezar una conversación. ¿Qué se puede decir en este momento?
- En esta lección has aprendido a dar consejos. ¿Puedes dar un consejo a una persona que quiere aprender español?

- Hemos leído y escuchado textos largos. En la entrevista sobre el Camino de Santiago nos hemos concentrado en aspectos importantes. En el catálogo de consejos para el Camino Inca hemos marcado solamente la información relevante. Para eso no ha sido necesario entender cada palabra, ¿verdad? No siempre tenemos que buscar todo en el diccionario.
- Además, podemos entender sin saber todas las palabras. ¿Te acuerdas de estas frases?
*Por la noche dormimos en xxxxxxx para peregrinos.
Hemos xxxxxxxx el camino en 30 etapas.*
¿Es importante saber la palabra que falta para entender la información?
- Si nos concentramos en las palabras que entendemos, ya podemos sacar mucha información de un texto. Por eso es importante concentrarse primero en ellas.

Panamericana

En Perú con Pilar.
Hola. Me presento: soy Pilar Rolfs y soy peruana. Quiero mostrarles algunas imágenes de mi hermoso país.

Lima, Palacio Torre-Tagle

el Amazonas

Empiezo con Lima, la capital. Con casi 10 millones de habitantes es el centro político, económico y financiero del país. En su centro histórico (declarado Patrimonio de la Humanidad por la UNESCO) se han restaurado muchos edificios con sus preciosos balcones de madera.
■ *Y ahora tú: ¿cuál es la ciudad más grande de tu país? ¿Y la más importante? ¿Por qué?*

Pero hay otras ciudades atractivas, por ejemplo en el sur está Arequipa, con un clima fantástico: 300 días de sol al año. Desde Arequipa se puede viajar al famoso lago Titicaca. Otra ciudad interesante es Piura, en el norte del país, la más antigua de Perú. El famoso escritor peruano Mario Vargas Llosa dice que sus habitantes son los más alegres y abiertos del país.

■ *Y ahora tú: ¿cuántos días de sol al año hay en tu ciudad aproximadamente?*
¿Qué ropa llevas para unas vacaciones en Arequipa durante el mes de enero?

¿Sabe cuál es el lugar más visitado de Perú? Iquitos, una ciudad grande al lado del río Amazonas. Es un poco difícil llegar porque el viaje sólo es posible por aire o por agua, pero vale la pena. Allí puede tomar un barco para hacer una excursión por la selva y ver caimanes, monos o delfines rosas.
■ *Y ahora tú: ¿qué lugar es el más visitado por los turistas en tu país? ¿Qué les ofrece?*

Si le interesan las antiguas culturas prehispánicas, tiene que visitar Cusco, la capital del Imperio Inca, que conserva los muros de sus antiguos templos. La ciudad está a 3400 metros de altura, por eso los primeros días es importante acostumbrarse. Desde Cusco puede ir a uno de los lugares más fascinantes del mundo: Machu Picchu.
■ *Y ahora tú: ¿recuerdas cómo se llama el mal de las alturas?*
¿Qué consejos le puedes dar a una persona que quiere hacer el Camino Inca?

¡Oh! No tengo más espacio y quería contar muchas cosas más… Sobre la riquísima cocina peruana; sobre las montañas como el Alpamayo; sobre las costas del Pacífico… ¿Cuándo va a visitar mi país?

Tu viaje a Perú.
Haz una lista de los preparativos que tienes que hacer para un viaje a Perú y de las cosas que quieres llevar. ¿Qué lugares quieres visitar?

Cusco

Tengo planes

2

hablar sobre el tiempo libre • hacer, aceptar y rechazar una propuesta • quedar, hablar sobre planes • definir algo • los adjetivos de nacionalidades • pedir en un restaurante • valorar una comida

>> PANORAMA >> un minuto con…

Javier Mariscal

Javier Mariscal (Valencia, 1950) es conocido mundialmente por ser el creador de Cobi, la mascota de los Juegos Olímpicos de Barcelona (1992), y por sus originales esculturas, como la Gamba del puerto de Barcelona.

>> **Un aspecto principal de su carácter:**
>> Soy hiperactivo y muy impulsivo.

>> **Su plato favorito:**
>> La paella valenciana.

>> **Una prenda de ropa favorita:**
>> Un sombrero borsalino.

>> **Usted puede pasar horas…**
>> Cuidando las plantas en el jardín.

>> **En su tiempo libre le gusta…**
>> Dibujar, pasear por la playa…

>> **Un deporte que odia:**
>> El golf.

>> **Algo que no sabe hacer:**
>> Jugar al golf.

>> **Una película / un libro que le ha impresionado:**
>> "Big Fish", de Tim Burton. "Persépolis" (el libro y la película) de Marjane Satrapi.

>> **Pasa sus vacaciones en…**
>> Formentera.

>> **Un domingo perfecto:**
>> Quedarme en la cama con mi mujer y mis hijos, desayunar todos juntos sin prisa, leer el periódico, preparar una comida para los amigos, una larga sobremesa, una pequeña siesta, una buena película y a dormir.

1 **a. Lee la entrevista con Javier Mariscal.**
¿Qué actividades de tiempo libre menciona?
¿Qué otras actividades de tiempo libre conoces?

b. En parejas. Una entrevista a tu compañero.
Elige cinco preguntas y haz la entrevista a un compañero. Luego, al revés.

diecisiete | **17**

2 Tengo planes

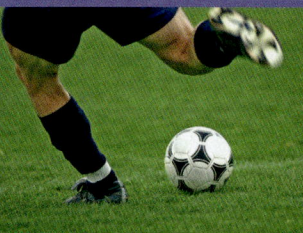

ir a correr   tocar el piano   jugar al fútbol   ir a la sauna   pescar

esquiar   salir con amigos   trabajar en el jardín   cantar en un coro   bucear

ir en bicicleta   bailar   hacer fotos   navegar en internet   jugar al ajedrez

Tiempo libre

2 **a. Actividades de tiempo libre. Mira las fotos y apunta...**

– tres cosas que te gustan
– una cosa que odias
– tres cosas que no has hecho nunca
– una cosa que no sabes hacer y que quieres aprender

b. Comparad los resultados. ¿Cuál es la actividad favorita de la clase?

c. ¿Sabes o puedes...?
Lee las frases de la tabla. ¿En cuáles se habla de los conocimientos de una persona? ¿En tu lengua también se diferencia entre **saber** y **poder**? Piensa en estos ejemplos y anota la traducción.

1. Sé italiano.
2. No podemos dormir con luz.
3. No sabemos jugar al póker.
4. ¿Puedes escuchar música y leer a la vez?
5. ¿Sabes conducir una moto?
6. Puedo ir a pie al trabajo.
7. ¿Puedo pagar con tarjeta de crédito?
8. ¿Sabes tocar el piano?

d. Tres verdades y una mentira.
Escribe cuatro frases sobre cosas que sabes o puedes hacer (una de ellas tiene que ser mentira). Después lee las frases en voz alta. La clase adivina la mentira.

Sé bailar tango. Puedo escuchar música y leer a la vez.

1, 2

¿Cómo quedamos?

3 a. ¿Qué van a hacer? 4 – 5
Estas personas quieren salir juntas. Escucha y toma notas.
Luego presenta la información.

	qué	cuándo	dónde
1. Aurora y Federico			
2. Manuel y su amigo			

- Aurora y Federico van a salir. Van a encontrarse a las…

ir + a + infinitivo

voy
vas
va   } a salir
vamos
vais
van

Con **ir + a + infinitivo** se expresa un propósito o un evento que va a tener lugar en el futuro.

b. ¿Por qué no vamos a bailar?
Lee ahora el diálogo entre Aurora y Federico y marca las expresiones para proponer una actividad, aceptar una propuesta o rechazarla.

- ¿Dígame?
- Hola, Aurora, soy Federico. ¿Qué tal?
- Hola, Fede, ¡qué sorpresa! Bien, bien. Aquí, … con los nietos.
- Oye, ¿tienes ganas de salir esta noche?
- Uff, lo siento, es que estoy muy cansada. ¡Estos niños son unos pequeños monstruos!
- ¿Y mañana?
- Pues… mañana sí.
- ¿Por qué no vamos a la Paloma?
- ¿A la Paloma? ¿A bailar? ¡Qué bien! ¿Y toca la orquesta mañana?
- Sí, mañana es la noche de los boleros.
- Ay, pues sí. ¡Qué ilusión! ¿Cómo quedamos?
- ¿Paso por tu casa a las nueve?
- ¿A las nueve? Pues, vale, perfecto. Nos vemos mañana.

c. Quedar con amigos.
Completa la tabla con las expresiones que has marcado en el diálogo.

proponer	aceptar / rechazar
- ¿Tienes ganas de…?	o (Sí,) vale.
-	o ....
- ¿Vienes conmigo a…?	o Qué pena, pero no puedo, es que…
- ¿Y si vamos a…?	o .... es que estoy cansado/-a.

¿Cómo quedamos?
- ¿A qué hora quedamos?
- ¿Qué tal a las siete?
- ¿Dónde quedamos?
- ¿Qué tal delante de…?

d. En parejas. Hoy la clase de español se ha cancelado.
Propón una de estas actividades a tu compañero, que tiene que reaccionar.

ver una película en casa | tomar una cerveza | cenar en un restaurante mexicano | hacer los deberes de español | jugar a las cartas | ir al cine | dar un paseo | tomar un cóctel | …

- ¿Tienes ganas de tomar una cerveza?
- De acuerdo. / Qué pena, pero no puedo, es que…

2 Tengo planes

conmigo

con m͟í͟ → conmigo
con t͟i͟ → contigo
con él
con ella
con usted
…

 6

4 ¿A qué se refieren estas definiciones? Relaciona.
Después escribe tú una definición. ¿Quién la adivina?

1. Conmigo las comidas para vegetarianos son un desastre.
2. Sin mí tienes problemas en el tren o en el autobús.
3. A mí me ven. ¿A ti también?
4. Conmigo hacer excursiones es más cómodo.
5. En mí todos nadan cuando hace calor.

la mochila
la carne
el mar
el billete
la película

5 a. ¿Y si vamos…?
Planifica las siguientes actividades en esta agenda.

viene el fontanero | visita de un/-a amigo/-a | deporte / yoga | curso de español | médico | …

	LUNES	MARTES	MIÉRCOLES	JUEVES	VIERNES	SÁBADO	DOMINGO
8							
10							
12							
14							
16							
18							
20							

JORNADAS LATINOAMERICANAS

★ EXPOSICIÓN: EL ARTE MAYA
De lunes a domingo 10:00-21:00

★ PELÍCULA
Un lugar en el mundo (Arg.)
martes 16:00, jueves 19:00

★ CURSO DE COCINA MEXICANA
Todas las mañanas de 10:00 a 13:00

★ CONCIERTO: PACHAMAMA
Música de los Andes
sábado 20:00

★ CURSO DE SALSA
Todas las tardes de 15:00 a 17:00

12. – 18. OCTUBRE • UNIVERSIDAD POPULAR

b. En parejas. Queréis hacer tres actividades juntos.
Mirad el programa de las jornadas latinoamericanas y vuestras agendas, y decidid qué vais a hacer y cuándo.

– ver la exposición
– ver la película
– hacer un curso de cocina
– ir al concierto
– hacer un curso de salsa

● ¿Tienes ganas de ver "Un lugar en el mundo"?
○ Vale. ¿Cuándo?
● ¿Qué tal el jueves a las siete?
○ Perfecto, ¿dónde quedamos?

c. Contad ahora al grupo qué vais a hacer y cuándo.

● Claudia y yo vamos a ver la película *Un lugar en el mundo* el jueves a las siete de la tarde.

Quedamos en el restaurante

6 **a.** ¿Te gusta salir a comer? ¿Con quién? ¿En qué ocasiones? ¿Con qué frecuencia?

b. Lee el texto y toma notas sobre estos aspectos:
actividades de tiempo libre,
actividades durante la comida,
los temas de conversación

¿COMER PARA VIVIR O VIVIR PARA COMER?

Ir al cine, hacer deporte o ver la tele son las actividades favoritas de los españoles en su tiempo libre, igual que en el resto de Europa. Pero para muchos españoles hay otra muy importante: salir a comer.

No se trata sólo de la comida, sino también del aspecto social. Por eso las comidas son muy largas, con tiempo para charlar, contar anécdotas o conocer quizás a otros invitados. Y hablar del trabajo, los estudios, la familia, las vacaciones, de la comida... Para los españoles, salir al restaurante no es comer para alimentarse, es disfrutar de la comida y de la compañía. Es vivir.

c. ¿Cómo es en tu país? ¿Qué es diferente?

7 **a. Hablando de comida...**
¿Qué alimentos conoces de color verde, rojo, blanco, amarillo o marrón?

b. ¿Conoces estos platos? ¿Existen también en tu país? ¿Cómo se llaman?

1. ensaladilla rusa
2. tortilla francesa
3. macedonia de frutas
4. crema catalana
5. tortilla española
6. café irlandés
7. tarta de Santiago
8. tarta vienesa
9. arroz a la cubana

c. ¿A qué platos de arriba se refieren estas frases?

☐ Es un plato frío **que** lleva verdura y mayonesa.
☐ Es una tortilla **que** se hace con patatas y huevos.
☐ Es de un país **donde** se habla alemán.
☐ Es un postre **que** lleva diferentes frutas.
☐ Tiene el nombre de una ciudad **donde** hay muchos peregrinos.

d. En parejas. Escribid tres definiciones.
Luego cada pareja lee sus definiciones. Los otros adivinan qué cosa/persona/lugar es.

Es una cosa que… | Es una persona que… | Es un lugar donde…

7, 8

2 Tengo planes

La mayoría de los adjetivos de nacionalidades forman el femenino en **-a**, incluso cuando el masculino termina en consonante.
Un pintor genial /español.
Una pintora genial /español**a**.

8 **a. Vino italiano, tortilla española... Completa la tabla con los adjetivos.**

Singular masculino	femenino	Plural masculino	femenino
vino italian**o**	pizza italian**a**	vinos italian**os**	pizzas ....
vino español	tortilla	vinos español**es**	tortillas español**as**
vino francés	tortilla	vinos frances**es**	tortillas frances**as**

b. Ciudadanos del mundo.
Lee el texto y decide las nacionalidades de los productos. No puedes repetir.

español | alemán | francés | inglés | holandés | danés | finlandés | noruego | sueco | italiano | suizo | austríaco | turco | argentino | chileno | colombiano

"Soy un típico ciudadano cosmopolita del siglo XXI. Por eso tengo un coche ...., me gustan la carne ...., el café ...., el chocolate ...., el queso ...., el pescado .... y el aceite de oliva .... Tengo un móvil ...., un reloj .... y muchos de los muebles de mi casa son .... En invierno voy a esquiar a las montañas .... Escucho música .... y me encantan las películas .... Pero los tomates de mi pueblo ¡son los mejores del mundo!"

✏ 9

c. Comparad vuestros textos. ¿Tienen cosas en común?

En el restaurante

9 **a. ¿Has comido alguna vez en un restaurante español?** ▶▶ 6
Lee el menú. ¿Qué platos conoces?
Luego escucha la conversación y marca en el menú lo que piden los clientes.

Menú del día

Primer plato
Ensalada mixta
Gazpacho andaluz
Arroz a la cubana

Segundo plato
Merluza a la plancha
Chuleta de cerdo con patatas fritas
Pollo asado con verdura

Postre
Flan
Crema catalana
Fruta del tiempo

Pan, bebida y café

15 €

modo de preparación
frito/-a
asado/-a
al horno
a la plancha
a la romana
muy / poco hecho/-a

Muchos restaurantes ofrecen un menú barato con variedad de platos para escoger un primero, un segundo y un postre.

b. Escucha otra vez y marca las frases que escuchas.

☐ Para beber, un vino tinto de la casa.
☐ ¿Me trae otro vaso para el agua, por favor?
☐ Para mí, de primero, ensalada mixta.
☐ La cuenta, por favor.
☐ De postre, yo quiero un flan.
☐ De segundo, yo tomo el pollo asado.

en el restaurante
de primero
de segundo
de postre
La cuenta, por favor.

Cuando se quiere dejar propina en un restaurante en España, es frecuente esperar el cambio y dejar la propina sobre la mesa al irse.

Otro/-a/-os/-as se usa con cosas contables y **un poco de** con incontables.
Atención:
~~un~~ otro

✏ 10 – 12

10 a. ¿Me trae otra cerveza? ¿Qué significan otro **y** un poco más de**?**

	pedir algo		traducción
¿Me trae ¿Nos trae	una cuchara otro cuchillo un poco de sal un poco más de pan	por favor?	....

b. Ahora estás en un restaurante.
Mira el menú del restaurante. ¿Qué vas a tomar? La lista es una ayuda para guiar la conversación con el camarero, que es tu profesor.

- pides un primer plato
- pides un segundo plato
- pides la bebida
- pides un postre
- pides algo más
- quieres pagar

c. En parejas. ¿Qué tal la comida?
Cada uno escribe lo que ha pedido (primero, segundo, postre) en un papel. Luego, se intercambian los papeles y se pregunta según el modelo.

● ¿Qué tal la merluza?
○ Está muy rica. ¿Y tu pollo?

La sopa está El filete está	muy	rico/-a. salado/-a. dulce. frío/-a. caliente. picante.

Para valorar el sabor de la comida se usa **estar**.
El gazpacho **es** una sopa.
El gazpacho **está** muy rico.

✏ 13 – 16

11 Un chiste.

2 Tengo planes

Portfolio
Guarda el programa y el correo electrónico en tu dosier.

Tarea final Un fin de semana diferente

Viene a visitaros un grupo de estudiantes de una escuela de español de otro país.

1. Escribid en la pizarra una lista de las actividades posibles (cultura, compras, deporte, comidas, etc.).

2. La clase se divide en grupos. Cada grupo decide qué actividades quiere proponer para el sábado y el domingo por la mañana y por la tarde. Pensad en estos aspectos:

   – ¿Dónde os vais a encontrar?
   – ¿A qué hora?
   – ¿Qué vais a hacer?
   – ¿Cuánto tiempo va a durar?
   – ¿Por qué es interesante?
   – ¿Se necesita algo (ropa de deporte, etc.)?

3. Cada grupo presenta su programa. Entre todos se elige el programa definitivo.

4. En parejas. Escribid un correo electrónico al grupo de los visitantes y presentad vuestro programa.

PROGRAMA

SÁBADO
Mañana: ....
Tarde: ....

DOMINGO
Mañana: ....
Tarde: ....

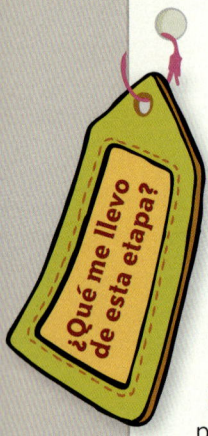

Ahora "sabes" algunas cosas nuevas y "puedes" hacer cosas interesantes en español. ¿Qué te vas a llevar de esta etapa?

- Tres actividades de tiempo libre que te gustan.
- Expresiones útiles para quedar con amigos.
- Expresiones para aceptar o rechazar una invitación.
- Informaciones culturales interesantes.
- Ahora ya sabes explicar cómo es un plato típico de tu país o de tu región a un hispanohablante. ¿Un ejemplo?
- Expresiones útiles en un restaurante
  – para pedir la comida
  – para pedir algo más
  – para valorar la comida
- ¿Qué cosas nuevas sabes o puedes hacer ahora en español?
- Tres actividades que vas a hacer después de la clase de español.

- En esta lección hemos aprendido a explicar palabras. Si no sabemos el nombre de un objeto, podemos describirlo. Por ejemplo: *Es un objeto de metal que usamos para cortar la carne.* Otra posibilidad es dar ejemplos, hacer un dibujo o decir lo contrario.

- Algunas construcciones gramaticales son difíciles porque son diferentes en nuestro idioma. Para recordarlas se pueden aprender con una rima. Por ejemplo:
*Es un error
decir "un otro tenedor".
Es mucho mejor
pedir "otro tenedor".*

- Si una persona nos invita, queremos reaccionar de forma espontánea y natural. ¿Por qué no aprendes de memoria una frase modelo para aceptar y otra para rechazar una invitación?

Panamericana

En Chile con Matilde.
¡Hola! Me llamo Matilde Guzmán y soy chilena. ¿Conoces Chile? ¿Quizás los vinos chilenos? Voy a contaros un poco de mi "largo y delgado país" (Pablo Neruda).

En sus 4200 kms de longitud Chile ofrece paisajes que recuerdan lugares tan diferentes como el Sáhara, el Mediterráneo o Noruega. En el norte por ejemplo tenemos el desierto de Atacama, el más seco del mundo. En el otro extremo, la Patagonia chilena, con sus islas, fiordos y glaciares. Allí se pueden encontrar colonias de pingüinos todo el año. Para mí uno de los lugares más fascinantes del mundo es la Isla de Pascua, con sus misteriosas esculturas milenarias, los Moai. Todos estos lugares son grandes atracciones para turistas de todo el mundo.
■ Y ahora tú: ¿de qué nacionalidades son los turistas que visitan tu país? ¿A qué lugares van?

En la capital, Santiago, no hay tiempo para aburrirse. Los amantes de la cultura pueden disfrutar de sus galerías de arte y museos. En el

Parque Nacional Lauca en el norte

Moai en la Isla de Pascua

centro histórico la Plaza de Armas, con la Catedral Metropolitana, es el punto de encuentro no sólo de los visitantes, sino también de muchos habitantes de la ciudad. Les recomiendo el barrio Bella Vista, donde se encuentra la Fundación Pablo Neruda en la antigua casa del poeta, que está llena de sus libros y objetos personales. Este barrio tiene una intensa vida nocturna y excelentes restaurantes.
■ Y ahora tú: ¿qué expresiones usas para pedir en un restaurante?

¿Le interesa el turismo activo? Pues cerca de Santiago puede practicar deportes muy variados, como esquiar en los Andes, que están cerca. Si prefiere la playa, puede probar otras actividades como el windsurf en la costa del Pacífico. ¿Cuántas ciudades pueden ofrecer esto?
■ Y ahora tú: ¿qué actividades se pueden hacer en tu ciudad? ¿Cuándo se usan los verbos "nadar" y "esquiar" con "poder" o con "saber"? ¿Puedes dar ejemplos?

Al final, le recomiendo ir a Valparaíso, para muchos la capital cultural de Chile. ¿Sabe que el periódico más antiguo en español es "El Mercurio de Valparaíso"?
La ciudad, con su centro histórico de la época colonial, es Patrimonio de la Humanidad. Y, claro, hay que visitar el puerto. Es uno de los puertos comerciales más importantes del país. De allí salen muchos de los productos que exporta Chile: fruta fresca, pescado, madera y los famosos vinos.

Valparaíso y su puerto

■ Y ahora tú: has comprado productos chilenos y quieres invitar a unos amigos a cenar. Escribe una pequeña invitación.

Escribe cinco preguntas que le quieres hacer a Matilde para saber más de su país.

en la Plaza de Armas

Mi nueva casa

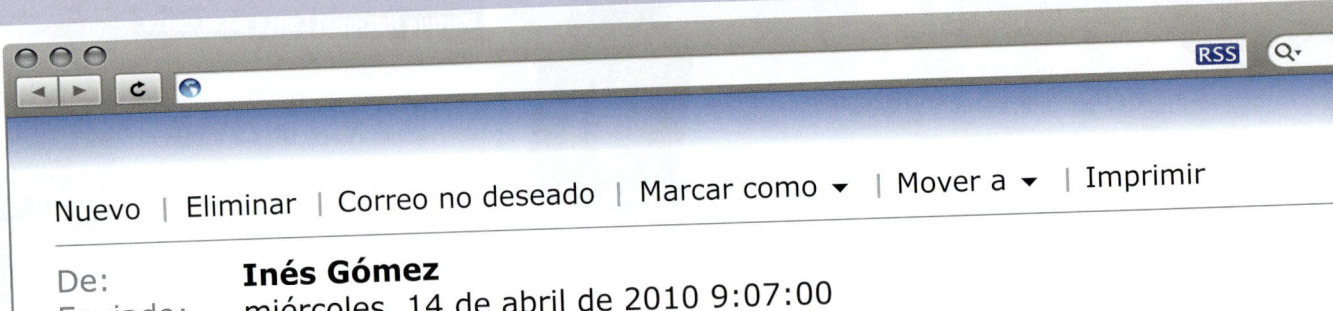

De: **Inés Gómez**
Enviado: miércoles, 14 de abril de 2010 9:07:00
Para: laura321@nosvemos.com

Laura:

¡tengo buenas noticias! ¡Ya he encontrado piso! Es realmente ideal: tiene una cocina moderna, un baño con ventanas, un dormitorio grande y un salón con mucha luz. Todo parece perfecto, incluso el alquiler. Quizás es barato porque la calle es un poco ruidosa y los vecinos parecen un poco antipáticos... Pero me da igual, ¡estoy muy contenta!

En dos semanas me mudo. ¿Por qué no vienes a visitarme un fin de semana? Mi nueva dirección es: C/Rosales, 26, 46389 Turís, Valencia

¡Te espero!

Un beso,

Inés

3

describir un piso • nombrar los muebles y los electrodomésticos •
hacer cumplidos y reaccionar a uno • dar datos sobre la biografía •
hablar del pasado

1 a. Inés está muy contenta. ¿Qué ventajas e inconvenientes tiene su nuevo piso?

b. ¿Cuántas veces te has mudado tú…

– en la misma ciudad?
– a otra ciudad?
– a otro país?
– con una empresa de mudanzas?
– por motivos de trabajo?
– con la ayuda de amigos?

c. ¿Ventajas o inconvenientes?
Clasifica estos aspectos de un piso según tu opinión.

en el centro | tranquilo | barato |
grande | con vistas a un parque | viejo |
pequeño | renovado |
en un barrio antiguo | moderno |
en la planta baja | con mucha luz |
en las afueras | oscuro |
nuevo | cerca del metro / autobús |
con jardín | que da a la calle |
con ventanas grandes

ventajas	inconvenientes

● Para mí es una ventaja vivir en el centro.

3 Mi nueva casa

Mudarse de casa

2 **a. Este es el piso que Juan e Inés comparten en Madrid.**
Completa la lista con los números correspondientes.

- [10] cocina
- [11] nevera
- [ ] microondas
- [ ] lavaplatos
- [ ] mesa
- [ ] silla
- [ ] sofá
- [17] estantería
- [ ] televisor
- [ ] bañera
- [4] espejo
- [ ] lavadora
- [ ] ducha
- [ ] cama
- [5] armario
- [ ] lámpara
- [7] escritorio

b. Inés tiene un nuevo trabajo y se muda a Valencia. ▶▶ 7
Escucha el diálogo y marca en el plano las cosas que Inés quiere llevarse.

c. ¿Qué diferencias tiene tu casa o tu piso con el del plano?

- Mi cocina es más grande.
- Yo no tengo lavaplatos.
- …

d. ¿Dónde haces tú estas cosas?

ver la tele | escribir correos electrónicos | escuchar la radio | tomar un aperitivo | leer el periódico | estudiar español | desayunar

3 **a. Busco compañera de piso.**
Juan busca una nueva compañera de piso. ¿Qué anuncio corresponde a su piso?

BUSCO COMPAÑERA DE PISO. Barrio La Latina a 3 min del metro. Salón, comedor, cocina grande, baño con ducha, balcón. A partir de junio. Precio total: 500 €.
Contacto: dormitoriolibre@difusion.com; móvil: 646 996 344

Se alquila habitación en piso compartido. No fumadores. Exterior, terraza, cocina, salón-comedor, baño completo, TV. 450 €
Contacto: pisocompartido@nosvemos.com

b. Vas a hacer un viaje de seis meses y quieres alquilar tu piso.
Escribe un anuncio para el periódico.

1–4

El día de la mudanza

4 a. ¿Dónde están los gatos?
Todos los amigos de Misifús han venido para despedirse. ¿Quién los encuentra antes?

- Hay un gato encima del camión.
- Hay uno debajo del sofá.

¿dónde?

encima de
debajo de
delante de
detrás de
al lado de
entre
a la derecha de
a la izquierda de
en el centro

b. En parejas. Cada uno puede amueblar un piso a su gusto.
Dibuja o escribe los siguientes muebles en el plano A. Después explica a tu compañero dónde están. Él los pone en el plano B. Luego, al revés.

cocina | nevera | mesa | 3 sillas |
sofá | cama | televisor | espejo |
armario | lámpara | lavadora

- La mesa está en el centro del salón.

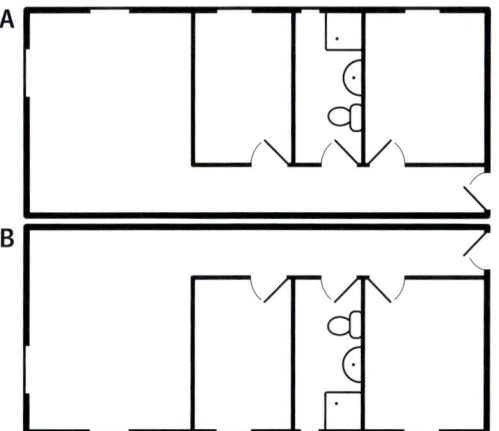

✏️ 5, 6

Llegan visitas

5 a. ¡Qué casa más bonita tienes! ▶▶ 8
Relaciona los comentarios 1–5 con las reacciones. Luego escucha el CD y compara.

comentario	reacción
1. ¡Qué zapatos más elegantes!	a. ¿Tú crees? No tiene tantos metros.
2. ¡Qué mesa más original!	b. ¿Te gusta? Es del rastro a muy buen precio.
3. ¡Uy, qué práctico!	c. ¿Te parece? Pues son viejos, la verdad.
4. ¡Oh, qué buen gusto!	d. Es la idea de una revista.
5. ¡Qué salón más grande tienes!	e. Sí, no está mal.

No es habitual aceptar un cumplido tal cual o con sólo decir **gracias**. Es frecuente mostrar modestia educadamente quitando importancia a lo dicho.

3 Mi nueva casa

b. ¿Qué adjetivos se pueden usar para describir estos objetos?

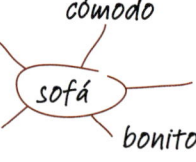

c. En parejas. Con cortesía. ¿Qué se puede decir en estas situaciones?

1. Un amigo te enseña su sofá nuevo.
2. Un compañero lleva una mochila nueva.
3. Una amiga lleva una falda nueva.
4. Tu compañero hoy lleva gafas de sol.

La vivienda en España

6 a. ¿Comprar o alquilar? ¿Es igual en tu país?
Lee el texto y marca todas las palabras que expresan una cantidad.

¿COMPRAR O ALQUILAR?

En España, como en Italia o Francia, todos quieren ser propietarios de un piso o una casa. La mayoría de los españoles piensa que pagar el alquiler es perder dinero. Por eso solamente algunos viven en un piso alquilado.
La mitad de los pisos alquilados no llega a los 100 m² y el 30 % está amueblado. Hoy en día los jóvenes españoles se van muy tarde de la casa de sus padres (entre los 25 y 27 años). Antes de tener un trabajo fijo, muchos no quieren vivir solos. Por eso muy pocos jóvenes entre 18 y 25 años alquilan un piso, pero el 60 % de ellos quiere comprar una vivienda en el futuro.
¿Cuántos españoles tienen una vivienda en propiedad? Aproximadamente el 80 %. La conclusión es fácil: casi nadie quiere vivir en un piso alquilado.

b. ¿Qué significan estas cantidades? Relaciona.

expresiones de cantidad	
☐ (casi) todos	1. El 50 % de los pisos alquilados tiene entre 60 y 90 m².
☐ la mayoría	2. El 80 % de los españoles compra un piso.
☐ la mitad	3. Sólo el 5 % de los jóvenes alquila un piso.
☐ algunos/-as	4. El 18 % de los españoles alquila un piso.
☐ (casi) nadie	5. El 70 % de los pisos se alquila sin muebles.

c. Haz una encuesta en el grupo hasta encontrar cinco respuestas positivas.
Luego presenta un resumen de los resultados.

¿Quién
- tiene casa propia?
- tiene garaje?
- tiene balcón o jardín?
- tiene televisión vía satélite?
- comparte piso?
- tiene una casa de más de 100 m²?
- vive en el centro?
- ha alquilado un piso amueblado?
- ha vivido en otra ciudad?
- conoce bien a sus vecinos?

● La mayoría ha vivido en otra ciudad. Nadie comparte piso.

Mi casa en otro país

7 **a.** Guillermo Xiu Xiul se mudó a España.
En el texto siguiente aparecen las palabras *artista, chocolate, escultura, maya.* ¿De qué puede hablar el texto?

b. Lee ahora la biografía y ordena las etapas de la vida de Xiu Xiul.

☐ trabajar en el museo de chocolate
☐ nacer en México
☐ ir a España
☐ estudiar Antropología
☐ irse a Europa

c. En el texto aparece un tiempo nuevo: el indefinido.
Marca las formas del indefinido en el texto. ¿Cuál es el infinitivo correspondiente?

■ GUILLERMO XIU XIUL ■
Un artista muy especial

Guillermo Xiu Xiul nació en México. Es el jefe de uno de los clanes mayas que todavía existen en la actualidad. En su país estudió Antropología y también aprendió un arte muy especial: hacer esculturas de chocolate. El chocolate es muy importante para él porque tiene una gran tradición en su país: sus antepasados empezaron a consumir el cacao muy probablemente en 1.500 a. C.

Un día Guillermó Xiu Xiul decidió llevar su arte y sus conocimientos a Europa. Por el idioma común, se fue a España, donde trabajó varios años en el museo de Chocolates Valor. Allí realizó espectaculares esculturas de chocolate y explicó a los visitantes el significado del cacao para las antiguas culturas americanas. Actualmente participa en encuentros interculturales donde presenta sus esculturas y habla de proyectos de solidaridad con el pueblo maya.

d. Completa la tabla con las formas del texto.

-ar: trabaj**ar**	-er / -ir: aprend**er**	ser / ir
trabaj**é**	aprend**í**	fui
trabaj**aste**	aprend**iste**	fuiste
....	....	....
trabaj**amos**	aprend**imos**	fuimos
trabaj**asteis**	aprend**isteis**	fuisteis
trabaj**aron**	aprend**ieron**	fueron

Se usa el indefinido con acciones dentro de un periodo en el pasado que el hablante considera terminado y que no tiene relación con el presente. A menudo va acompañado por marcadores temporales como **ayer**, **la semana pasada**, **en 2006**, **el 12 de mayo**...

8 En cadena. Gimnasia verbal con indefinidos.
Uno dice uno de estos verbos en la forma de primera persona (yo) en presente. El siguiente lo dice en indefinido y luego otro verbo en presente.

hablar | encontrar | explicar | comer | ir | beber | escribir | trabajar | usar | tomar | preguntar | vivir | llegar | ser

- Hoy hablo.
- Ayer hablé. Hoy como.
- Ayer...

✎ 8, 9

3 Mi nueva casa

9 a. Xiu Xiul cuenta su historia. Completa con las formas del indefinido.

"*Nací* (nacer) en México donde .... (estudiar) antropología. También .... (aprender) el arte de hacer esculturas de chocolate. El chocolate tiene una gran tradición en mi país. En los años noventa .... (decidir) dejar mi país para ir a Europa. .... (ir) a España por el idioma y las posibilidades de trabajo. En Villajoyosa .... (encontrar) trabajo y .... (trabajar) varios años en el museo de Chocolates Valor. Allí .... (realizar) muchas esculturas de chocolate y .... (hablar) a los visitantes del cacao en las antiguas culturas americanas."

La **z** nunca va seguida de una **e** o una **i**. Por esa razón cambia a veces a **c** como por ejemplo en reali**z**ar:
yo reali**c**é
él reali**z**ó
…

b. Otros datos biográficos. ¿Te acuerdas? ¿Quién habla?
Las personas que dicen estas frases han aparecido en este libro. ¿Las puedes identificar?

1. Nací en Medellín. Soy pintor y escultor. Me fascinan los cuerpos gordos. ¡Qué bellos!

2. Soy colombiano. En 1982 recibí el Premio Nobel de Literatura.

3. Mi hermano y yo nacimos en Buenos Aires. Yo estudié teatro y él música.

4. Nací en Málaga. A los ocho años pinté mi primer cuadro. Muchos dicen que fui el gran innovador de la pintura del siglo XX.

5. Mi padre y mi abuelo fueron chocolateros como yo.

6. Creé la mascota de los Juegos Olímpicos de Barcelona.

c. Ahora tú. Tu biografía.
Cada uno escribe una pequeña biografía con estos elementos, usando el indefinido. Dos informaciones pueden ser falsas.

nacer | ir a la escuela de… a… | terminar la escuela | empezar a trabajar | cambiar de trabajo | mudarse de ciudad | casarse

d. En parejas. Intercambiad los textos. ¿Encontráis la información falsa?

10 En parejas. ¿Cuándo fue la última vez?
Elige cinco preguntas para entrevistar a tu compañero. Luego cuenta al grupo las tres informaciones más interesantes.

- ir a un museo
- comer chocolate
- tomar un medicamento
- comprar un regalo
- ir a un concierto
- pasar un examen

- conocer a una persona interesante
- comprar un mueble nuevo
- mudarse de piso
- escribir una carta a mano
- tomarse un día libre en el trabajo
- dormir más de 10 horas

● ¿Cuándo fuiste al museo por última vez?
○ La semana pasada. / Hace un mes.

marcadores temporales
hace dos años
hace un mes
la semana pasada
el 3 de mayo
ayer

 10, 11

3

1 **El cacao,** la base del chocolate, es un producto de origen americano. El artista mexicano Guillermo Xiu Xiul nos presenta su historia. "Ya las culturas prehispánicas utilizaron el cacao como alimento, pero también como moneda y en rituales religiosos. Todavía hoy" –cuenta Xiu Xiul, miembro del pueblo maya– "utilizamos el cacao como moneda".

2 Cristóbal Colón fue el primer europeo que descubrió el cacao y lo llevó a España. Al principio no gustó mucho: los europeos lo encontraron demasiado amargo. Por eso empezaron a mezclarlo con azúcar, vainilla o canela y así nació el chocolate actual.

3 Poco a poco el chocolate se extendió por Europa. En 1606 llegó a Italia, de allí pasó en 1646 a Alemania, pero durante muchos años los alemanes lo tomaron como una medicina y no como una bebida. "El cacao tiene grandes cualidades" –dice Xiu Xiul– "por eso nosotros todavía celebramos rituales para dar las gracias por este regalo de la naturaleza". En 1819 se fundó en Suiza la primera fábrica de chocolate y así empezó su fabricación industrial. Allí también se creó la variante más popular en la actualidad, el chocolate con leche.

4 Pero la historia del chocolate todavía no ha terminado. Hoy en día los maestros chocolateros buscan nuevas creaciones, como cacao con chile, una antigua combinación de los aztecas. Y artistas como Guillermo Xiu Xiul trabajan para recordarnos las antiguas tradiciones de los pueblos americanos.

Una historia con gusto

11 a. La historia del chocolate.
Lee el texto y busca los párrafos que corresponden a estos temas.

El chocolate en la actualidad   La expansión por Europa
El cacao en las culturas prehispánicas De América a Europa

b. Datos del chocolate. Relaciona.

El cacao llegó a Europa en el siglo XVI   se usó como alimento y moneda.
La primera fábrica de chocolate   se abrió en Europa en 1819.
Los alemanes no tomaron el chocolate   pero al principio no gustó a los europeos.
En las culturas prehispánicas el cacao   como bebida, sino como medicina.

12 Este producto llegó también de América.
Completa su historia con los verbos que faltan en indefinido. ¿Qué es?

adaptarse | clasificar | empezar | gustar | llegar (2x) | probar

1. Su nombre viene de la lengua náhuatl. Tiene su origen en América. Allí los españoles lo .... por primera vez y les .... mucho.
2. En el siglo XVI .... a Europa y .... muy bien al clima mediterráneo, pero algunos botánicos lo .... como planta tóxica.
3. Poco a poco .... a entrar en la cocina europea.
4. Poco después .... también a Asia por la colonia española de Filipinas. Actualmente es un producto de la cocina mundial: lo comemos en ensaladas, salsas, sopas y sobre todo con pasta.

12–16

3 Mi nueva casa

Portfolio
Guarda tu ficha o mejor todo el album en tu dosier.

Tarea final El álbum de la clase

Vamos a preparar un pequeño álbum de recuerdo.

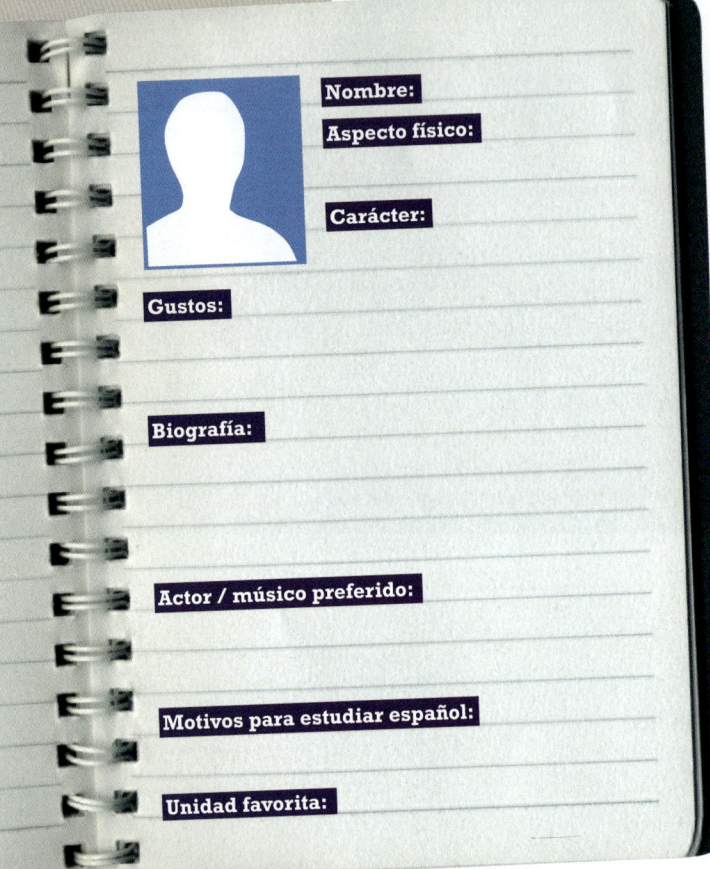

a. En parejas. Vas a elaborar una ficha sobre uno de tus compañeros para el álbum de la clase. Él va a hacer lo mismo sobre ti.
Hablad de estos aspectos para tener la información necesaria.

- tu pequeña biografía (4 informaciones)
- tus actividades de tiempo libre
- tu actor / músico preferido
- tus motivos para estudiar español
- una persona del mundo hispano que recuerdas
- tu unidad favorita de ¡Nos vemos!
- tus dos textos preferidos del libro
- un país de la Panamericana que quieres visitar

b. Con las informaciones que has recibido, elabora la ficha. En lugar de la foto, puedes dibujar un símbolo de tu compañero.

c. Una persona recoge todas las fichas para fotocopiarlas y repartirlas en la próxima clase.

En esta lección hemos hablado de nuestras casas y hemos aprendido a hablar de hechos pasados. ¿Qué quieres llevarte a casa?

- Expresiones para describir un piso.

- Expresiones para decir dónde están los muebles en un piso.

- Piensa en un mueble antiguo, en un mueble muy feo y en un mueble que quieres cambiar en tu casa. ¿Cuáles son?

- ¿Puedes completar con tus datos biográficos?
  Nací en ....
  Fui a la escuela de .... a ....
  Empecé a aprender español en ....
  El año pasado ....

- ¿Qué aspectos culturales te parecen más interesantes en esta unidad?

- Ahora sabes cómo se llaman muchos objetos de tu casa. ¿Por qué no escribes el nombre de los muebles y objetos en pequeños papeles (pósits) y los pegas en los muebles de tu casa? Así los puedes ver todos los días y aprenderlos.

- En esta unidad has visto también reglas de cortesía. En cada cultura las reglas de cortesía pueden ser diferentes. Conocerlas nos ayuda en la comunicación. En otras lecciones, ¿has visto también reglas de cortesía?

- ¿Cómo reaccionas si te dicen: "¡Qué bien hablas ya español!"?

Panamericana

En Argentina con Hortensia.
Hola, me llamo Hortensia y soy argentina.

Mi ciudad preferida es Buenos Aires, la capital, pero, claro, es que yo soy de allí, soy porteña (así se llaman los habitantes de Buenos Aires, por el puerto). Es una ciudad enorme, con once millones de habitantes, una ciudad fascinante, con una vida cultural única: teatros, cines, bibliotecas, museos. ¿Quién no conoce las casas del barrio de la Boca o la Avenida Corrientes, "una calle que nunca duerme", con sus teatros, galerías y librerías que abren las 24 horas? Pero yo, cuando pienso en Buenos Aires, vuelvo siempre a la calle Defensa, cerca de la Plaza de Mayo, a la farmacia más antigua de la ciudad, que fue de mi padre y ahora es de mi hermano. Si quiere conocer la ciudad, le recomiendo tomar el colectivo (así se llaman los autobuses en Argentina).
■ *Y ahora tú: ¿cómo puedes caracterizar tu lugar de residencia?*

Buenos Aires está junto al Río de la Plata, que allí es casi tan ancho como el mar. En el Río de la Plata nació el famoso tango, una música única con textos de historias tristes de amor. Algunos grandes artistas del tango son Carlos Gardel o Ástor Piazzola, que lo modernizó. ¿Sabe en que otro país hay muchos aficionados del tango? ¡En Finlandia! Se dice que llegó allí gracias a los marineros argentinos.
■ *Y ahora tú: ¿conoces otro tipo de música latinoamericana?*

Argentina es un país de grandes escritores como Jorge Luis Borges o Julio Cortázar. Nuestra tradición literaria empezó ya con las historias de los gauchos. A los argentinos nos gusta contar historias y compartirlas con los amigos tomando un mate. ¿Conoce el mate? Es una bebida caliente de té de mate, que se toma en un "vaso" especial. Cuando una persona llega de visita a una casa, después del saludo siempre viene la pregunta: "¿Unos mates?" Hay un ritual para beberlo: todos beben del mismo vaso y lo pasan de una mano a otra.
■ *Y ahora tú: ya sabes que cuando se va de visita a una casa es cortés alabar algo. ¿Puedes alabar tres cosas de la clase de español?*

el mate

Para los amantes de la naturaleza, mi país ofrece lugares maravillosos. El paisaje que más me fascina es la Patagonia. Ver el glaciar Perito Moreno o hacer una excursión en barco para ver ballenas es un espectáculo inolvidable.

Hemos llegado al final de la ruta Panamericana y hemos conocido muchos países con sus paisajes, ciudades, costumbres, músicas, comidas…
■ *Y ahora tú: ¿qué país(es) tienes ganas de visitar? ¿Qué foto te ha gustado más?*

una ballena

el glaciar Perito Moreno

treinta y cinco | 35

Mirador

Hemos llegado a la última etapa de **¡Nos vemos! Paso a paso 3** Es el momento de hacer un pequeño balance. ¡Cuántas cosas hemos aprendido!, ¿verdad?

Hablamos de cultura: quedar y salir

1 **a. Invitaciones y restaurantes.**
Marca las respuestas según tu opinión. Puedes marcar más de una. No hay correctas ni falsas.

1. Normalmente me encuentro con amigos
   - ☐ en un bar o restaurante.
   - ☐ en casa.
   - ☐ en un club de deporte.

2. Invito a mi casa
   - ☐ sólo a muy buenos amigos.
   - ☐ sobre todo a la familia.
   - ☐ a todo el mundo.

3. Invito a mis amigos o colegas
   - ☐ una semana antes.
   - ☐ un par de días antes.
   - ☐ espontáneamente.

4. Si tengo invitados en casa
   - ☐ preparo una comida especial.
   - ☐ todos traen algo para comer.
   - ☐ pongo algo para picar (jamón, queso…).

5. A una invitación llego
   - ☐ a la hora en punto.
   - ☐ unos 15 minutos tarde.
   - ☐ un poco antes para ayudar.

6. Si tengo poca hambre,
   - ☐ pido en un restaurante un plato ligero.
   - ☐ pido sólo una ensalada.
   - ☐ pido una porción pequeña.

7. Tomo café
   - ☐ por la mañana, en el desayuno.
   - ☐ por la tarde con pastel o tarta.
   - ☐ después de la comida.

b. Compara los resultados con tus compañeros. Luego escucha a estos hispanohablantes. ▶▶ 9
¿Hay diferencias con tus respuestas? ¿Y también entre las personas que hablan?

2 **Más que palabras. Relaciona.**
¿Quieres ampliar tus conocimientos sobre la cultura de los países de habla hispana?

1. El champán
2. La comida
3. En el desayuno
4. Al teléfono
5. La sobremesa
6. En una casa

- ☐ es el tiempo para charlar después de las comidas.
- ☐ se come poco, pero a eso de las 10 mucha gente toma algo en un bar.
- ☐ principal es la del mediodía. Tiene un primero, un segundo y postre.
- ☐ el apellido de la gente que vive ahí no está en la entrada.
- ☐ no se contesta con el apellido.
- ☐ o cava se toma muchas veces con el postre y algo dulce.

4

similitudes y diferencias culturales • autoevaluación • estrategias de aprendizaje • hablar y jugar

Ahora ya sabemos…

Evalúate tú mismo marcando uno de los dibujos de cada tema antes de hacer el ejercicio. A continuación haz la prueba y compara el resultado con tu dibujo de autoevaluación. Comprueba los resultados preguntando a tus compañeros o al profesor cuando no estés seguro.

3 a. Quedar y salir. ▶▶ 10
Ordena esta llamada telefónica. Luego, comprueba con el CD.

- ☐ • Hola, Silvia, ¿cómo estás?
- ☐ • Ah, sí, leí algo sobre esa película. ¿Es chilena?
- ☐ • ¿Dígame?
- ☐ • Vale, vamos juntos a verla. ¿Quedamos a las nueve en el bar de siempre?
- ☐ • ¿Cuándo, hoy por la noche?

- ☐ ○ Bien, bien. Te llamo para ver si vienes conmigo al Rex. Es la semana del cine latinoamericano.
- ☐ ○ No, argentina. Y dicen que es muy buena.
- ☐ ○ Sí, a las diez ponen "Lluvia", que me interesa.
- ☐ ○ Claro, buena idea. Así podemos picar algo…
- ☐ ○ Hola, Pedro. Soy Silvia.

b. Preguntas y respuestas. ▶▶ 11–12
Lee las respuestas del cuadro azul. Luego escucha las preguntas 1–4 y pon el número en la respuesta adecuada. Después haz lo mismo con las respuestas del cuadro rojo y las preguntas 5–8.

- ☐ Hombre, está encima de la cama.
- ☐ Pues… está un poco salada, la verdad.
- ☐ Crema catalana, fruta o flan.
- ☐ La semana pasada, el martes.

- ☐ No, pero como poca carne.
- ☐ Mucho viento, pero no hace frío.
- ☐ Sí, hay uno cerca de la Plaza Mayor.
- ☐ Un buen anorak y zapatos muy cómodos.

4 a. Hablar de un viaje.
Piensa en uno de tus viajes y toma notas sobre estos aspectos.

¿Qué idioma hablaste?
¿Qué medio de transporte usaste?
¿Con quién viajaste?
¿Qué cosas visitaste?
¿Qué comiste?
¿Qué (no) te gustó?

treinta y siete | 37

4 Mirador

b. En parejas. Haz las preguntas a tu compañero.
Él contesta sin decir el lugar. ¿Adivinas adónde fue?

c. Un plan para un viaje en las próximas vacaciones.
En parejas. Pensad en un viaje que queréis hacer juntos y exlicad vuestros planes en un correo electrónico a toda la clase. Luego, los correos se ponen en la pared y todos os levantáis para leerlos. ¿Quién tiene ganas de ir con vosotros?

Aprender a aprender

5 a. Aprender y ampliar vocabulario.
Es útil memorizar palabras en combinaciones de uso habitual y no sueltas. A veces nos sorprende lo diferente que puede ser el significado de un verbo dependiendo de la combinación en la que aparece. Relaciona las palabras con los verbos y escribe la traducción.

frío | deporte | 35 años | viento | un taxi |
cámping | un gato | prisa | la maleta |
tiempo | alcohol | gafas | ajo | sol |
una cerveza | zapatos negros

b. ¿Puedes añadir otras palabras?

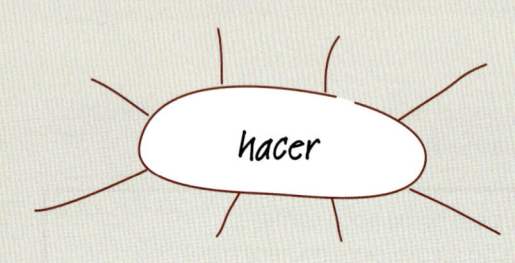

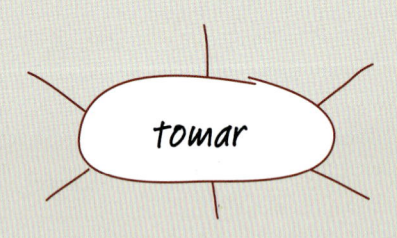

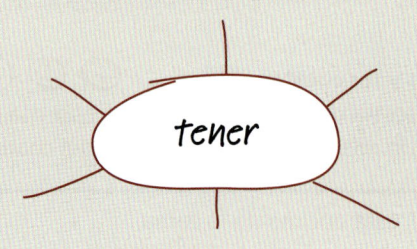

hacer

tener

tomar

llevar

Terapia de errores

6 **a. Errores frecuentes. ¿Puedes encontrarlos en este correo?**
Markus viaja por la Panamericana y escribe un e-mail a su profesora de español.

b. En parejas. Comparad vuestros resultados y escribid el e-mail sin errores.

> Hola Mercedes:
> ¡El viaje es súper! Ahora somos en Argentina. Lars y yo han conocido otros alemanes que van también por la Panamericana y ahora somos en una pensión. Por la noche los otros juegan cartas, pero yo no, porque yo no puedo "Bridge". Yo juego la guitarra y miro las estrellas, que son fantásticos aquí. Hace buen tiempo y no es frío. Mañana vamos seguir y tenemos que levantarse a las seis. No me gusto, pero es necesito porque la ruta es muy larga.
> Bueno, muchos saludos de Markus y Lars

c. El 'top ten' de los errores.
Hay errores que cometemos una y otra vez aunque sepamos cómo es en realidad. Piensa en tres errores que cometes a menudo. Tu profesor los va escribir todos en la pizarra. ¿Cuáles son los errores más frecuentes?

Organizar un juego

7 **a. ¿Qué hago si no sé la palabra?**
¿Qué puedes hacer si al hablar te falta una palabra? En una conversación seguro que tu interlocutor está dispuesto a ayudarte. Las técnicas no convencionales también pueden resultar útiles. Haz una lista en la pizarra.

b. Hacemos un juego de 'Memory'.
Cada uno escribe cuatro cartas, dos con una palabra y dos con la definición o descripción correspondientes con algún ejemplo en la que se usa o incluso con alguna técnica que hayan descubierto (por ejemplo, un dibujo).

c. ¡A jugar!
Se forman grupos de cuatro. El grupo A intercambia sus cartas con el grupo B, etc. Las 32 cartas se disponen boca abajo sobre la mesa. Un jugador descubre dos cartas y si son pareja se las puede quedar. Si no lo son, tendrá que ponerlas de nuevo boca abajo y juega el siguiente. Gana el que más parejas tenga.

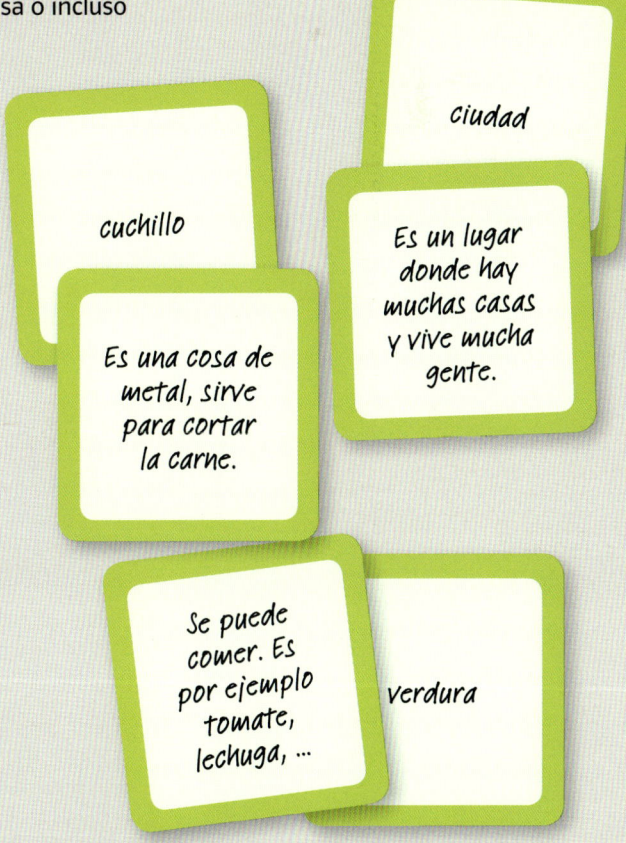

- ciudad
- cuchillo
- Es un lugar donde hay muchas casas y vive mucha gente.
- Es una cosa de metal, sirve para cortar la carne.
- Se puede comer. Es por ejemplo tomate, lechuga, ...
- verdura

¡Nos vemos!
Paso a paso 3
Cuaderno de ejercicios

Índice

1 Caminando 42

1. Léxico de los colores
2. Léxico de la ropa
3. Averiguar una serie de datos a partir de unas frases
4. Frases comparativas
5. Marcar etapas en un mapa a partir de una audición
6. Sustantivos derivados de verbos. Verbos derivados de sustantivos.
7. Actividades cotidianas. Presente de indicativo. Pretérito perfecto.
8. Preguntas con verbos reflexivos
9. La preposición **a**
10. Demostrativos: **este/a/os/as**, **ese/a/os/as**
11. Identificar de qué hablan unas personas a partir de una audición
12. Completar un diálogo que tiene lugar en una tienda de ropa
13. Léxico del clima
14. **Estar** + gerundio
15. Posición de los pronombres de objeto directo con pretérito perfecto y con gerundio
16. Mundo profesional: consejos para el primer día de trabajo
17. Pronunciar bien: la **e** final

Portfolio

2 Tengo planes 49

1. Léxico de actividades de tiempo libre y de tareas del hogar
2. Los verbos **saber** y **poder**
3. Actividades en un viaje a Madrid
4. Reaccionar a propuestas para quedar
5. Completar una conversación telefónica
6. Completar un texto con pronombres
7. Describir platos de comida
8. Pronombres relativos
9. Adjetivos de nacionalidad
10. Léxico de la comida
11. Completar una carta y un diálogo que tiene lugar en un restaurante
12. **Otro/a** y **un poco más de**
13. **Otro/a** y **un poco más de**
14. Los verbos **ser** y **estar**
15. Mundo profesional: completar una reserva en un restaurante
16. Pronunciar bien: la **ch** y la **ll**

Portfolio

3 Mi nueva casa 56

1. Léxico de la vivienda
2. Léxico de la vivienda
3. Identificar de qué hablan unas personas a partir de una audición
4. Identificar qué piso escogen unas personas a partir de una audición
5. Situación espacial
6. Situación espacial
7. Reaccionar a una serie de cumplidos
8. Clasificar formas verbales en presente o indefinido
9. Una biografía
10. Datos históricos
11. Actividades habituales en presente y actividades en indefinido
12. Marcadores temporales
13. Escoger entre perfecto o indefinido
14. Detectar de qué momento se habla en función de la forma verbal
15. Mundo profesional: una encuesta
16. Pronunciar bien: sílabas tónicas

Portfolio

4 Mirador 63

1. Vocabulario y estructuras gramaticales
2. Comprensión auditiva
3. Respuestas adecuadas
4. Comprensión lectora
5. Expresión escrita
6. Expresión oral

Caminando 1

1 Los colores.
¿Con qué color asocias las siguientes cosas? Añádelas a los colores de la tabla.
¿Puedes añadir una cosa más a cada color?

tomate | café | limón | plátano | lechuga | mar | yogur | arroz | tortilla | ajo | sol |
piscina | árbol | noche | cielo | leche | gazpacho | manzana | pan | selva | chocolate | maíz

blanco	amarillo	rojo	azul	verde	marrón	negro

2 ¿Y tu ropa?
¿Qué hay en tu armario? Relaciona las palabras de las tres columnas para formar combinaciones con sentido. Ten en cuenta que las terminaciones tienen que concordar.

Tengo un sombrero marrón y muchas camisetas blancas.

un	camiseta	blanco
una	anorak	gris
unos	sombrero	negro
unas	pantalones	amarillo
muchos	falda	naranja
muchas	camisa	rojo
	zapatos	azul
	jersey	verde
		marrón

3 ¿Quién es quién?
Lee las siguientes frases e intenta averiguar todos los datos de los tres hombres.

> **Mayor** y **menor** también se usan en relación con la edad:
> **el mayor** = el que tiene más edad
> **el menor** = el que tiene menos edad

1. Uno de los hombres tiene 24 años.
2. El que tiene 18 años es estudiante.
3. Juan Carlos tiene 45 años.
4. Dos son morenos y uno rubio.
5. El menor de los tres lleva una camiseta blanca.
6. Íñigo es más joven que Rubén.
7. El informático lleva una chaqueta verde.
8. El rubio tiene 24 años.
9. El camarero lleva una camisa roja.
10. El mayor es informático.

	nombre	edad	profesión	ropa	pelo
1					
2					
3					

4 ¿Dónde es más caro?
Completa las frases con comparaciones entre seis ciudades hispanas.

1. Una entrada de cine es .... (+) cara en Buenos Aires .... en Madrid.
2. Un litro de leche cuesta .... (-) en Madrid .... en Lima.
3. Un periódico es .... (=) caro en México .... en Nueva York.
4. Un billete de autobús es .... (=) barato en Lima .... en Caracas.
5. Un viaje en taxi de diez minutos es .... (-) caro en Lima .... en Caracas.
6. Nueva York es la ciudad .... (+) cara para viajar en autobús.
7. Los periódicos .... (+) caros se compran en Buenos Aires.
8. En Buenos Aires se pueden comer las hamburguesas .... (+) baratas.

5 a. El camino de Santiago. ▶▶ 13
Elías y Pilar hablan de sus experiencias en el Camino de Santiago. Marca las etapas que escuchas.

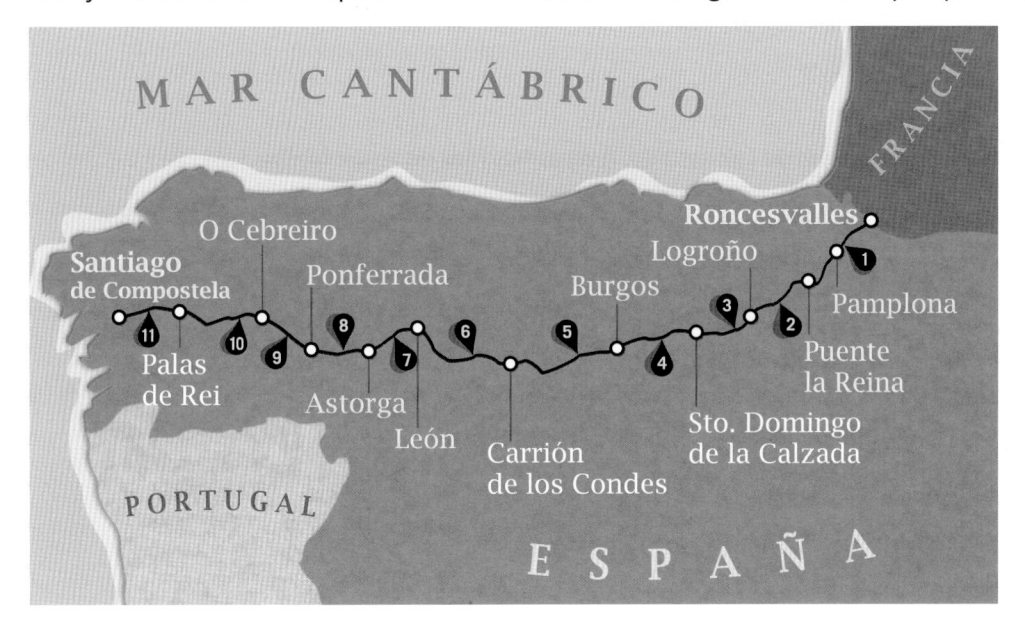

b. Escucha otra vez.
Completa la tabla.

la etapa…	Elías	Pilar
… más bonita		
… más dura		
… más larga		

6 Sustantivos y verbos.
Escribe el sustantivo o el verbo.

almorzar	*el almuerzo*	la cena	*cenar*
desayunar		la bebida	
comer		el viaje	
cocinar		el trabajo	
ducharse		la ida	
entrar		la vuelta	

1 Caminando

7 **a. ¿Qué hace Miguel en un día normal?**
¿Qué hace Miguel en un día normal? Describe su día con ayuda de las horas.

1. *8.00* levantarse
   A las ocho se levanta.
2. *8.10* ducharse
3. *8.25* desayunar
4. *8.45* irse a la universidad
5. *9.15* estar en clase
6. *14.00* comer
7. *17.00* volver a casa
8. *19.30* hacer deporte
9. *22.30* acostarse

b. ¿Qué ha hecho Miguel hoy? ▶▶ 14
Escucha y toma notas. Escribe algunas cosas que Miguel ha hecho diferente hoy.

Hoy Miguel se ha levantado a las doce.

8 **Preguntas con verbos reflexivos.**
Relaciona los elementos para formar preguntas con sentido. A veces hay más de una solución.

¿Cómo	acostarse	en el examen?
¿A qué hora	levantarse	los fines de semana?
¿Es verdad que	cansarse	en las excursiones?
¿Siempre	ducharse	antes del desayuno?
¿Cuándo	concentrarse	en el trabajo?
¿Por qué	relajarse	todos los días?
¿Por qué no	aburrirse	después de comer?

¿Cómo te concentras en el examen?

9 **La preposición a.**
Tacha la preposición **a** cuando sobra.

Querido Alberto:

¿Qué tal estás? Ya hemos llegado **a** Sevilla y hemos visitado **a** Rocío, la hermana de Juan. Tiene **a** tres niños muy simpáticos y por fin yo he podido conocer **a** su marido. También hemos visitado **a** monumentos famosos, por ejemplo **a** la Giralda y hemos comido **a** unas cosas deliciosas, porque Rocío conoce **a** los mejores bares. Mañana hacemos una excursión **a** la costa para conocer **a** los pueblos de la región y queremos probar otra vez **a** la cocina tradicional. ¡Ah! **A** la niña le he comprado unos zapatos preciosos para bailar flamenco y **a** ti también te llevamos **a** un regalo.

Besos,
Manolo y Celia

> Delante del objeto directo va una **a** cuando se trata de una persona, a excepción del verbo tener:
> ¿Conoces **a** mi marido?
> Tengo ~~a~~ dos hijos.
> Recuerda que **a** se usa en muchos casos más, por ejemplo con el objeto indirecto o para indicar la dirección

10 ¿Esta falda o esa?
Lee estos diálogos y relaciónalos con los dibujos.

1.
- Me encantan **esos** pantalones.
- A mí también, pero no los necesito. Mira, **esta** falda es muy bonita.
- Sí, ¿cuánto cuesta?

2.
- ¿Has visto **esos** pantalones? Son bonitos, ¿verdad?
- Sí, y **esa** falda tampoco está mal.

3.
- ¿Te gustan **estos** pantalones?
- No mucho, la verdad. ¿Qué tal **esa** falda de ahí?
- Sí, es muy bonita, pero es muy cara.

11 ¿De qué están hablando? ▶▶ 15
Escucha las siguientes frases y marca de lo que están hablando.

1. ☐ unos pantalones
   ☐ una mochila
2. ☐ unos espaguetis
   ☐ un bocadillo
3. ☐ un autobús
   ☐ una chica
4. ☐ una tarta
   ☐ un café
5. ☐ unos zapatos
   ☐ unas camisetas
6. ☐ un anorak
   ☐ una falda

12 En una tienda de ropa.
Estás en una tienda de ropa y quieres comprar una blusa. Completa el diálogo.

- *(Saludas a la dependienta y le dices que quieres una blusa.)*
  ....
- ¿De qué color la quiere?
- *(Le dices que la quieres azul.)*
  ....
- ¿Le gusta esta?
- *(Le dices que es muy grande.)*
  ....
- ¿Y esta verde?
- *(Le dices que te gusta y le preguntas si la tiene en azul.)*
  ....
- Lo siento, pero sólo la tenemos en verde.
- *(Le preguntas el precio.)*
  ....
- 49 euros.

1 Caminando

13 Hablando del tiempo.
¿Qué palabras asocias con las siguientes? En tu cuaderno, escribe tres como mínimo para cada una.

buen tiempo	frío
lluvia	niebla
viento	nieve

14 ¿Qué están haciendo?
¿Qué están haciendo estas personas en este momento?

1. El señor está leyendo...

15 Antes del viaje.
Esta familia casi está lista para salir de viaje. Contesta y fíjate en la posición del pronombre con el perfecto o con el gerundio.

1. • María, ¿has hecho ya las maletas?
   ○ *Sí, ya las he hecho. / En este momento estoy haciéndolas* .
2. • ¿Se han duchado ya los niños?
   ○ ....
3. • Pedro, ¿has hecho ya el desayuno?
   ○ ....
4. • ¿Los niños han preparado ya sus mochilas?
   ○ ....
5. • María, ¿has puesto ya los pasaportes en la maleta?
   ○ ....
6. • ¿Has llamado ya al taxi?
   ○ ....

> **!** Generalmente los pronombres van delante del verbo: ¿*Las maletas?* -Ya **las** he hecho. Con el gerundio pueden ir delante o detrás del verbo. No te olvides de la tilde para conservar la entonación: **Las** estoy haciendo. -Estoy haciéndo**las**.

Mundo profesional

16 El primer día de trabajo.
Mañana es el primer día de trabajo de un amigo. Dale algunos consejos.

Es importante	llegar tarde a la oficina.
Es mejor	ponerse ropa nueva y elegante.
(No) es necesario	hablar mucho de su vida privada.
(No) se recomienda	aprender los nombres de los colegas.
(No) conviene	ir a comer con los colegas.
	hablar por teléfono con amigos.
	comprar un regalo para el jefe.

El primer día de trabajo no conviene llegar tarde a la oficina.

Pronunciar bien

17 **a. La e final.**

> A diferencia de lo que sucede en otros idiomas, en español, se pronuncia la e claramente (abierta, corta) incluso en posición final de palabra.

b. Lee el texto de la canción y luego comprueba con el CD. ▶▶ 16
Lee el texto en voz alta y fíjate especialmente en la pronunciación de la **e** al final de palabra. Verifica luego con el CD.

Duerme, mi niño,
duerme, mi sol,
duerme, pedazo
de mi corazón.
Duerme, mi nene,
que ya es de noche,
y los angelitos
pasean en coche.

Portfolio

Ya puedo…	☺ ☺ ☹
… hacer comparaciones: El hotel es .... caro .... el albergue.	☐ ☐ ☐
… describir la rutina diaria: Me levanto a las	☐ ☐ ☐
… hablar del tiempo: ☀ .... 🌧 .... ☁	☐ ☐ ☐
… dar consejos: Es mejor .... Se recomienda	☐ ☐ ☐
… contar lo que está pasando: ¿Qué estás haciendo?	☐ ☐ ☐

También puedo…	☺ ☺ ☹
… describir la ropa usando colores: Tengo unos pantalones .... y una camiseta	☐ ☐ ☐
… usar las formas irregulares del comparativo: grande – .... , bueno – .... , malo –	☐ ☐ ☐
… conjugar los verbos reflexivos: yo me levanto, ...	☐ ☐ ☐
… conjugar el verbo **conocer**: yo conozco, ...	☐ ☐ ☐
… señalar algo que está al alcance o más lejos: este .... , esa	☐ ☐ ☐
… formar el gerundio: visitar – visitando, salir – .... , leer –	☐ ☐ ☐

1 Caminando

Comunicación

La ropa y los colores

un jersey rojo
una falda amarilla
una camisa verde
zapatos marrones
pantalones azules
una camiseta blanca
un anorak naranja
un sombrero negro

Describir la rutina diaria

Me levanto a las seis.
Me pongo los zapatos.
Yo me acuesto el último.

Señalar algo

- ¿Te gusta esta falda?
- No mucho, pero esa roja sí.
- ¿Qué es esto?

Hacer recomendaciones

Conviene acostumbrarse a la altura.
Se recomienda hacer la ruta en cuatro días.
No es necesario llevar comida.

Describir un proceso

Ahora estoy haciendo una pausa.
Estamos esperando al guía.
¿Estás tomando una foto de las ruinas?

Comparar algo

Los albergues son más baratos que los hoteles.
Pero tienen menos comodidades (que los hoteles).
Y cuestan menos (que los hoteles).

Hablar del tiempo

Hace buen tiempo / mal tiempo.
Hace sol / frío / calor / viento / 5 grados.
Está nublado.
Hay niebla.
Llueve.
Nieva.
¡Qué frío / calor / viento hace!
¡Cómo llueve! / ¡Cómo nieva!

Gramática

Formas irregulares

grande → mayor
bueno → mejor
malo → peor
El mayor problema en el Camino Inca es el soroche.

Verbos reflexivos

	levantar**se**
me	levanto
te	levantas
se	levanta
nos	levantamos
os	levantáis
se	levantan

Generalmente los pronombres reflexivos van delante del verbo conjugado. Sin embargo, con el infinitivo pueden ir detrás de la terminación:
Me ducho con agua fría.
No quiero duchar**me** con agua fría

La comparación: comparativo y superlativo

+	Los hoteles son **más** caros **que** los albergues.
–	La última etapa es **menos** dura **que** la primera.
–	Los hoteles cuestan **más que** los albergues.
=	El Camino del Norte es **tan** bonito **como** el Francés.
++	La ruta **más** famosa es el Camino Francés.
– –	El mes **menos** atractivo es enero.

más + adjetivo + **que**
menos + adjetivo + **que**
verbo + **más / menos que**
tan + adjetivo + **como**
artículo + **más / menos** + adj.

Con números y cantidades se usa **más/menos de**: En los albergues no se puede dormir **más de** una noche.

Conocer

conocer
cono**zc**o
conoces
conoce
conocemos
conocéis
conocen

El objeto directo con personas

¿Conoces **a** mis padres?
¿Has visto **al** profesor?
¿Entiendes **a la** profesora?
Pero: Con **tener** no se usa **a**.
Tengo **a** diez primos.

Los pronombres demostrativos

	masculino	femenino
singular	**este** jersey	**esta** mochila
plural	**estos** jerseys	**estas** mochilas
singular	**ese** jersey	**esa** mochila
plural	**esos** jerseys	**esas** mochilas

Este/-a hace referencia a cosas que están al alcance de la persona que habla, **ese/-a** a cosas que están al alcance de la persona que escucha o lejos tanto del hablante como del oyente. **Esto/eso** se refiere a algo que no podemos o que no es necesario nombrar: *¿Qué es esto?*

Los adjetivos de colores

-o → -a	masculino = femenino
blanco/-a	azul
negro/-a	verde
rojo/-a	gris
amarillo/-a	marrón

Algunos adjetivos de colores no cambian porque originalmente calificaban sustantivos: pantalones naranja.

El gerundio

terminación	infinitivo			formas irregulares			
-ar → **ando**	tom**ar**	Roberto está tom**ando** fotos.		decir	d**i**ciendo	leer	le**y**endo
-er → **iendo**	com**er**	¿Qué estás com**iendo**?		venir	v**i**niendo	ir	**y**endo
-ir → **iendo**	sal**ir**	Estamos sal**iendo** del hotel.		pedir	p**i**diendo	dormir	d**u**rmiendo

Con **estar + gerundio** se describe algo que está sucediendo en el momento de hablar. Los pronombres se pueden poner delante de **estar** o detrás del gerundio: **Me** estoy duchando. Estoy duchándo**me**.

Tengo planes 2

1 **a. Actividades.**
Escribe las posibles combinaciones.

ir	—	el cine
jugar	a	el tenis
leer	de	internet
navegar	con	compras
tocar	en	el desayuno
cantar	por	bicicleta
preparar		el parque
salir		un coro
pasear		amigos
		el piano
		el periódico
		un pastel

b. ¿Y tú?
Elige dos actividades de tiempo libre y dos tareas del hogar e indica con qué frecuencia las haces.

Normalmente juego al tenis una vez por semana.

2 **¿Saber o poder?**
Añade el verbo adecuado.

1. ● Perdone, ¿................. decirme dónde está la parada de autobús?
   ○ Lo siento, pero es que no soy de aquí.

2. ● Me encanta ir a esa discoteca porque también se .... bailar salsa. ¿Quieres venir?
   ○ Gracias, pero no .... bailar.

3. ● ¿Queréis venir a casa el domingo a cenar? Javier .... hacer una paella fantástica.
   ○ ¡Sí, gracias! Pero, ¿................. venir también mi hermana? Es que este fin de semana está de visita.

3 **Una visita a Madrid.**
Pasas un fin de semana en Madrid. Describe la primera noche, lo que has hecho ese día y lo que vas a hacer al día siguiente.

1. visitar el Museo del Prado
2. hacer compras en la Gran Vía
3. comer algo en el Museo del Jamón
4. ir a la Puerta del Sol
5. pasear por el Parque del Retiro
6. ver el estadio Santiago Bernabéu
7. escribir postales
8. descansar en la Plaza Mayor
9. recorrer la ciudad en autobús turístico

Querido/-a...
Madrid es una ciudad fascinante.
Hoy he...
Mañana voy a...

2 Tengo planes

4 ¿Por qué no quedamos?
Lee los SMS y reacciona.

1. ¿Tomamos algo en el Quijote?
   ☺ ....

2. ¿Venís con nosotros al cine a las siete?
   ☹ ....

3. ¿Vamos a bailar el sabado?
   ☹ ....

4. ¿Vamos a correr al parque después del trabajo?
   ☺ ....

5 Completa esta llamada telefónica.

- ¿Dígame?
- *(saluda y di quién eres.)*
  ....

- Ah, ¡hola! ¿Qué tal?
- *(pregunta si tu amiga tiene ganas de ir al cine.)*
  ....

- ¡Buena idea! ¿A qué hora quedamos?
- *(proponle quedar a las 20 h delante del cine.)*
  ....

- Muy bien, de acuerdo.
- *(expresa alegría y despídete.)*
  ....

6 Completa este correo electrónico con los pronombres adecuados.

Hola, Nuria:

Esta semana no .... he llamado, perdona. Es que mi hermana Ángela está con............... aquí en casa por dos semanas. Estoy pasando mucho tiempo con .... porque .... veo muy poco y a nosotras .... encanta estar juntas. Tú .... conoces. ¿La recuerdas? Es la que vive en Chile. ¡Pero como ves, no .... olvido! Un día de estos .... llamo y salimos las tres juntas, ¿vale?

Beso, Lety

7 ¿Puedes describir los platos siguientes?

	Se come frío.	Se come caliente.	¿Qué lleva?
gazpacho	X		tomate y otras verduras
ensalada mixta			
tortilla española			
patatas bravas			
macedonia de frutas			
paella			
albóndigas			

El gazpacho es una sopa fría que lleva tomate y otras verduras.

8 Los restaurantes de moda.
Tacha los pronombres de relativos incorrectos.

¿Conoce usted los restaurantes donde / que están de moda en Madrid?

En el centro le recomendamos el restaurante Sergi Arola, donde / que el famoso chef presenta sus creaciones en un ambiente muy exclusivo. En las afueras, usted puede comer en el Antiguo Convento de Boadilla del Monte, donde / que se sirven excelentes carnes y platos tradicionales. Otra posibilidad es La Dorada, un restaurante donde / que ofrece especialidades de pescado y donde / que los clientes cenan en pequeñas cabinas. Finalmente, recomendamos The Grill Club, un restaurante donde / que usted puede disfrutar de un menú internacional y donde / que es conocido por sus platos especiales.

9 ¿Sabes el origen de estas cosas?
Añade los adjetivos de nacionalidad.

1. • ¿La sangría?
   ○ Una bebida ....
2. • ¿El tango?
   ○ Un baile ....
3. • ¿Los espaguetis?
   ○ Una especialidad ....
4. • ¿El champán?
   ○ Un plato ....
5. • ¿Los Apeninos?
   ○ Unas montañas ....
6. • ¿El Mercedes?
   ○ Un coche ....
7. • ¿IKEA?
   ○ Una tienda de muebles ....
8. • ¿Zara?
   ○ Una marca de ropa ....

10 ¡Qué rico!
Relaciona las partes para obtener nombres de platos de comida.

calamares		
pollo		chocolate
merluza		cerdo
helado		patatas
chuleta		ajillo
tarta	de	verdura
sopa	al	tomate
zumo	a la	horno
ensalada		jamón
bocadillo		manzana
arroz		plancha
gambas		cubana
tortilla		

de: ingredientes
al / a la: el modo de preparación

2 Tengo planes

11 **a. En el restaurante.**
Relaciona los alimentos con los platos o bebidas y añade por lo menos uno.

zumo de naranja | gambas a la plancha | helado de chocolate | cerveza | merluza frita | sopa de tomate | agua con o sin gas | macedonia de frutas | espaguetis | chuleta de cerdo | tarta de queso | ensalada de tomate | vino de la casa | pollo al ajillo | crema catalana

EL MENU DEL DIA

PRIMER PLATO

SEGUNDO PLATO

POSTRE

BEBIDA

b. Completa la conversación. ▶▶ 17
Completa el diálogo con las frases de los clientes. Luego verifica con el CD.

- Buenas tardes. ¿Qué van a tomar?
○ ....
■ ....
- De acuerdo. ¿Para beber, qué les traigo?
○ ....
■ ....
- Muy bien. ¿Quieren elegir el postre ya o más tarde?
○ ....
■ ....
…
- ¿Algo más, señores?
■ ....
- Claro, enseguida.

○ Yo no quiero postre, gracias. ○ Una botella grande de agua, por favor. Con dos vasos. ○ Buenas tardes. Para mí primero una sopa de tomate y luego la merluza.	■ Sí, dos cafés. Tenemos un poco de prisa. ¿Nos trae la cuenta, por favor? ■ Yo sí, y ya sé qué quiero: crema catalana. ■ Pues yo tomo de primero los espaguetis y de segundo la chuleta. ■ Y para mí además una copa de tinto de la casa.

c. ¿Y tú?
Escribe lo que pedirías tú.   *De primero…*

12 **a. ¿Otro/-a o un poco más de?**
Pídele al camarero las siguientes cosas.

1. Perdón, quería ...., por favor.
2. ¿Me puede traer .... ?
3. Para mí ...., por favor.
4. ¿Me trae ...., por favor?
5. Camarero, ... de chocolate, por favor.

52 | cincuenta y dos

b. ¿Qué más quieres?
¿Quieres un poco más o quieres cambiar? Marca las siguientes palabras con colores diferentes dependiendo si se combinan con **otro/-a** o con **un poco más de**.

dinero | puesto de trabajo | sello | tarta de queso | pan | cerveza | abrazo | chocolate | programa informático | tortilla | filete de ternera | botella de agua | tiempo libre

Quiero un poco más de dinero.

13 ¿Ser o estar?
Completa con el verbo adecuado.

1. • ¿Cómo .... las patatas, Lola?
   ○ .... muy picantes, ¡tienen mucho tabasco!
2. • La merluza .... un pescado, ¿verdad?
   ○ Sí, señora, y hoy la tenemos con salsa de vino blanco. .... muy rica.
3. • ¿Cuál .... el vino de la casa?
   ○ .... un Rioja. .... un tinto muy bueno.
4. • Mi café no .... caliente.
   ○ ¿De verdad? Mi té sí .... caliente, ¡muy, muy caliente!

> Usamos **estar** para valorar una comida y **ser** para definirla.

14 ¿Cómo dices...?
Expresa estas ideas de otra manera. En negrita aparece lo que debes mantener igual.

1. **La sopa** no está caliente.
2. **El gazpacho** no se consume caliente.
3. **El postre está muy** bueno.
4. **La tarta** tiene mucho azúcar.
5. **La salsa de la carne** pica.
6. **Los tacos** proceden de México.

Mundo profesional

15 Una reserva. ▶▶ 18
Escucha la reserva y completa.

Restaurante La Dorada
— Reserva —

Nombre:
Día:
Hora:
Número de personas:
Teléfono de contacto:

2 Tengo planes

Pronunciar bien

16 **a. La ch y la ll.**

> Conviene fijarse en la pronunciación en español de ch y ll, ya que estas dos letras pueden tener realizaciones diversas en diferentes lenguas.

b. Lee y escucha estas frases. ▶▶ 19
Lee estas frases y verifica luego con el CD.

Del dicho al hecho hay un buen trecho.

Te he dicho que dejo dos trajes bien hechos.

Estrella, ¡llevas la llave en un llavero brillante!

Sí, es brillante el llavero de Estrella en el que lleva la llave.

Portfolio

Ya puedo...	☺ ☺ ☹
... **hablar de actividades de tiempo libre:** En mi tiempo libre me gusta	☐ ☐ ☐
... **describir planes y eventos en el futuro:** El sábado voy a	☐ ☐ ☐
... **hacer, aceptar o rechazar una propuesta:** ¿Tienes ganas de .... ? – Lo siento, es que	☐ ☐ ☐
... **quedar con alguien y acordar la hora y el lugar:** ¿Cuándo quedamos? – ¿Qué tal .... ?	☐ ☐ ☐
... **describir algo:** Es un plato que	☐ ☐ ☐
... **pedir en un restaurante:** De primero	☐ ☐ ☐
... **valorar la comida:** La carne está	☐ ☐ ☐

También puedo...	☺ ☺ ☹
... **usar correctamente los verbos saber y poder:** No .... italiano, pero puedo hacer un curso.	☐ ☐ ☐
... **usar preposiciones en combinación con pronombres:** conmigo, ...	☐ ☐ ☐
... **usar los adjetivos de nacionalidad:** Me gustan las películas	☐ ☐ ☐
... **usar correctamente otro y un poco más de:** otro/-a ...., un poco más de	☐ ☐ ☐

Comunicación

En el restaurante

Para mí de primero…
De segundo…
Para beber…, por favor.
¿Tienen…?
La cuenta, por favor.

Pedir algo que falta

¿Me puede traer una cuchara?
¿Me trae otra botella de agua?
¿Nos trae otros dos cafés, por favor?
¿Me trae un poco de agua, por favor?
¿Me trae un poco más de pan?

Preparación

frito/-a
al horno
a la plancha
poco hecho/-a
muy hecho/-a

Hacer, aceptar y rechazar una propuesta

proponer algo	aceptar/rechazar
¿Por qué no…?	Vale. / Perfecto. / De acuerdo.
¿Tienes ganas de…?	Sí, buena idea. / Con mucho gusto.
¿Vienes conmigo a…?	Qué pena, pero no puedo, es que…
¿Y si vamos a…?	Lo siento, es que estoy cansado/-a.

Quedar

Lugar y hora

¿A qué hora quedamos?
¿Qué tal a las siete?
¿Dónde quedamos?
¿Qué tal delante de…?

Valorar la comida

¿Qué tal el pollo?	Está muy rico.
¿Y la merluza?	Está un poco salada.
¿Te gusta el flan?	Está demasiado dulce.

Describir algo

Es un plato que lleva patatas, verdura y mayonesa.
Es un objeto que sirve para cortar la carne.
Es un lugar donde se comen platos típicos.

Gramática

Los pronombres relativos

Es un plato **que** lleva verdura y mayonesa.
El deporte **que** prefiero es el tenis.
Jamón jamón es un bar **donde** se come bien.

Otro y un poco más

contable	incontable	
otro cuchillo		pan
otra cuchara	un poco (más) de	agua
otros dos cafés		salsa
otras dos cervezas		

Otro/a nunca se combina con el artículo indefinido.
¿Me trae una **otra** cerveza?

Los adjetivos de nacionalidades

singular	
masculino	femenino
vino italiano	pizza italiana
vino español	tortilla española
vino francés	tortilla francesa

plural	
masculino	femenino
vinos italianos	pizzas italianas
vinos españoles	tortillas españolas
vinos franceses	tortillas francesas

Belga y **estadounidense** es igual para ambos géneros. Los adjetivos de nacionalidades forman el femenino en **-a**, incluso cuando el masculino termina en consonante. Compara:
Un pintor genial. Una pintora genial. Un pintor español. Una pintora española.

Saber y poder

capacidad, conocimiento

Sé italiano.
¿**Sabes** tocar el piano?
No **sabemos** jugar al póker.

posibilidad

Puedo ir a pie al trabajo.
¿**Puedes** dormir con luz?
Podemos escuchar música y leer a la vez.

permiso

¿**Puedo** pagar con tarjeta?
¿**Se puede** entrar?

Preposición + pronombre

a	mí (con + mí = **conmigo**)
con	ti (con + ti = **contigo**)
de	él / ella / usted
para	nosotros/-as
por	vosotros/-as
sin	ellos / ellas / ustedes

Ir a + infinitivo

ir + a + infinitivo	
voy	a salir contigo
vas	a trabajar el domingo, ¿no?
va	a llover esta tarde
vamos	a ver una exposición
…	

El verbo **ir + a + infinitivo** expresa un propósito o un evento que va a tener lugar en el futuro.

Mi nueva casa 3

1 El piso de Chema.
Chema describe a un amigo su piso. Completa con las siguientes palabras.

planta | mudanza | luz | afueras | metro | ventanas | ruidoso | edificio | piso

- ¿Qué tal tu piso, Chema?
- El .... me gusta mucho. Estoy muy contento. Pero la .... ha sido horrible. ¡Por fin hemos terminado!
- Está en las ...., ¿verdad?
- Sí, pero está muy cerca del .... Me gusta mucho porque tiene mucha .... y las .... son muy grandes. Además no es .... porque está en una calle donde casi no pasan coches.
- Oye, y Alberto vive cerca, ¿no?
- Sí, vive en el mismo ...., en la .... baja. Ya hemos quedado el miércoles para tomar algo juntos…

2 ¿Qué palabra no corresponde al grupo?
¿Puedes añadir a cada grupo una palabra más?

1. nevera | organizadora | lavadora | microondas
2. cocina | dormitorio | salón | escritorio
3. regalo | estantería | silla | cama
4. tranquilo | renovado | moderno | rápido
5. metro | piso | autobús | tren
6. televisor | radio | móvil | ordenado
7. a la derecha | al lado | al horno | en el centro

3 ¿De qué están hablando? ▶▶ 20
Escucha los diálogos y marca de qué están hablando en cada caso.

1. ☐ un escritorio
   ☐ un armario

2. ☐ un televisor
   ☐ un sofá

3. ☐ una nevera
   ☐ una lavadora

4. ☐ una lámpara
   ☐ un libro

5. ☐ un jersey
   ☐ un espejo

6. ☐ un salón
   ☐ un piso

3

4 a. Estamos buscando piso. ▶▶ 21

Lee los anuncios y luego escucha la conversación telefónica entre Antonio y su mujer. ¿Qué piso van a visitar primero?

ALBERTO AGUILERA
Apartamento, 110 m², 4 dormitorios, salón, cocina amueblada, baño completo, 4° piso, exterior, con mucha luz, renovado, sin ascensor.
Precio: 850 €.
Telf.: 906 51 55 28.   Ref.: 59844162

ALCALÁ Piso amueblado, 3 dorm., con mucha luz, muy tranquilo, interior, aire acondicionado, cerca del metro y de centros comerciales.
Precio: 952 €.
Telf.: 906 51 55 28.   Ref.: 59904176

ALAMEDA DE OSUNA Piso 4 dormitorios, 2 baños, terraza 40 m², aire acondicionado, cocina sin amueblar, plaza garaje, piscina. Taula Gestión Inmobiliaria.
Precio: 1.050 €.
Ref.: 59837262

---

b. Escucha otra vez.
Escucha la conversación otra vez y escribe las ventajas e inconvenientes de cada piso.

	Alberto Aguilera	Alcalá	Alameda de Osuna
ventajas			
inconvenientes			

5 ¿Dónde está la pelota?
Dibuja la pelota en el lugar que se indica.

La pelota está a la derecha de la silla.

La pelota está delante de la silla.

La pelota está debajo de la silla.

La pelota está al lado de la silla.

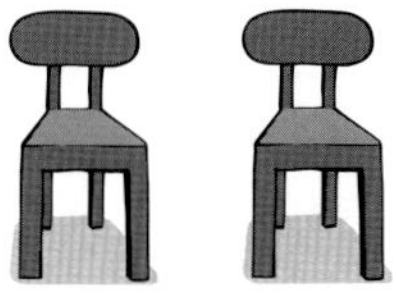

La pelota está entre las sillas.

La pelota está en la silla.

La pelota está a la izquierda de la silla.

La pelota está detrás de la silla.

6 El plano del piso.
Mira el piso de la página 28 del libro del alumno durante un minuto y fíjate sobre todo en la distribución de las habitaciones. Lee luego las frases y corrige los datos incorrectos.

1. Hay tres dormitorios.
2. El salón está a la izquierda de la cocina.
3. La cocina está entre el salón y un dormitorio.
4. El baño está detrás, a la derecha.
5. Al lado de un dormitorio está la terraza.
6. La cocina es más grande que el salón.
7. En el salón hay un gato debajo del sofá.

3 Mi nueva casa

7 ¡Qué práctico!
Lee los siguientes cumplidos y reacciona.

1. • Uy, ¡qué casa tan bonita!
   ○ ....

2. • ¡Qué cocina más moderna!
   ○ ....

3. • Llevas un jersey precioso. ¿Es nuevo?
   ○ ....

4. • Me encanta tu sofá.
   ○ ....

8 ¿Presente o indefinido?
Distribuye las formas verbales en la columna correspondiente.

hablo | vive | llegaste | usó | encontré | explicamos | como | fuimos | bebemos | bebimos | trabajasteis | vivimos | toman | explicaron | preguntáis | explican | comió | llegas | fui

> La 1ª persona singular del presente y la 3ª persona singular del indefinido de los verbos en **-ar** se diferencian sólo en la pronunciación y en la acentuación: *yo trabajo-el trabajó*.
> Las formas verbales de la 1ª persona de plural de los verbos en **-ar** e **-ir** son iguales en el presente y en el indefinido: *trabajamos, vivimos*. Por el contexto sabremos si se trata del presente o del pasado.

presente	indefinido

9 Una biografía.
Lee la biografía de la dibujante argentina Maitena y completa con los verbos en indefinido.

Maitena Burundarena

Maitena Burundarena .... *(nacer)* en 1962 en Buenos Aires.
En los años 80 .... *(publicar)* cómics eróticos y .... *(trabajar)* como dibujante para periódicos y revistas de Argentina.
En 1993 .... *(empezar)* a hacer una página de humor, "Mujeres alteradas", que en 1999 .... *(salir)* también en el periódico *El País* de Madrid.
Poco después varios periódicos .... *(publicar)* los cómics de Maitena en diferentes idiomas: francés, italiano, portugués, catalán, griego, alemán y otros.
Entre 1998 y 2003 Maitena .... *(dibujar)* también un cómic todos los días para el periódico argentino *La Nación* con el título "Superadas".
En 2003 .... *(empezar)* a publicar en el mismo periódico la página de humor "Curvas peligrosas".
Actualmente sus cómics aparecen en muchos periódicos internacionales.

10 Algunos datos históricos.
Lee las fechas de algunos momentos históricos. ¿Cuándo sucedieron? Relaciona los elementos y escribe los verbos en indefinido.

A principios del siglo XX los hermanos Wright
En 1965 los Beatles
En mayo del 68 los estudiantes franceses
En 1875 Alexander Graham Bell
En 1885 Karl Benz
En el siglo XVII Cervantes
En 2008 España
En julio de 1969 Neil Armstrong

inventar el primer coche.
hablar por primera vez por teléfono.
inventar el primer avión.
escribir *Don Quijote de la Mancha*.
cantar por primera vez *El submarino amarillo*.
salir a la calle para protestar contra la política.
llegar a la luna en el Apolo 11.
ganar el Campeonato Europeo de Fútbol.

11 a. Un día diferente.
Compara lo que hace Pedro normalmente con lo que hizo el domingo pasado.

normalmente
levantarse a las siete
ir al trabajo sin desayunar
comer en la cafetería de la empresa
tomar dos cafés en la oficina
llamar por teléfono a sus clientes
no tener tiempo de ver a los amigos
trabajar muchas horas
acostarse antes de las diez

el domingo
levantarse a las diez
desayunar en la cama
comer en casa
tomar un café con los amigos
llamar a su novia
ir de excursión con ellos
ir al cine
acostarse muy tarde

Normalmente Pedro se levanta a las siete, pero el domingo se levantó a las diez.

b. ¿Y tú?
¿Qué hiciste el domingo?

Yo me levanté...

12 a. Marcadores de tiempo.
Ordena los marcadores temporales cronológicamente.

en 2002 | hace dos años | hoy | ayer | esta semana |
el mes pasado | el 3 de marzo | hace dos días |
el verano pasado | esta mañana | en octubre | el viernes

b. Con colores.
Marca con colores diferentes los marcadores para el perfecto y para el indefinido.

3 Mi nueva casa

13 ¿Perfecto o indefinido?
Fíjate en los marcadores temporales y añade la forma verbal en perfecto o indefinido.

1. Hace tres años Juan y María .... (conocerse) en Cuba y este año Juan .... (empezar) a pensar en casarse con ella.
2. Hoy María .... (volver) temprano del trabajo y Juan le .... (preparar) una sorpresa. Él la .... (invitar) a ir a cenar, porque hace bastante tiempo que .... (salir) juntos por última vez.
3. Juan .... (reservar) una mesa en el restaurante "El Asador de Patxi". Es un restaurante excelente que .... (abrir) hace un mes. Él .... (cenar) allí con su jefe la semana pasada y la comida le .... (parecer) exquisita.

14 ¿Cuándo?
Lee las frases y marca el momento fijándote en el tiempo verbal.

1. Viajé por la Panamericana.
   ☐ Este año.
   ☐ El año pasado.

2. Visitaron el Museo del Prado.
   ☐ En 2003.
   ☐ Esta mañana.

3. Mi padre vivió en Argentina muchos años.
   ☐ Todavía vive en Argentina.
   ☐ Ahora vive en otro país.

4. He comprado un regalo.
   ☐ Para la fiesta de cumpleaños de hoy.
   ☐ Para el cumpleaños de ayer.

5. Nos ha gustado mucho.
   ☐ La película de ayer.
   ☐ Esta clase de español.

Mundo profesional

15 Una encuesta.
Tu empresa ha hecho una encuesta a sus empleados sobre la vivienda. Escribe con ayuda de los diagramas un informe y usa el mayor número posible de estos cuantificadores.

casi todos | la mayoría | muchos | la mitad | algunos | pocos | casi nadie | nadie

La mayoría de los empleados vive en casa propia.

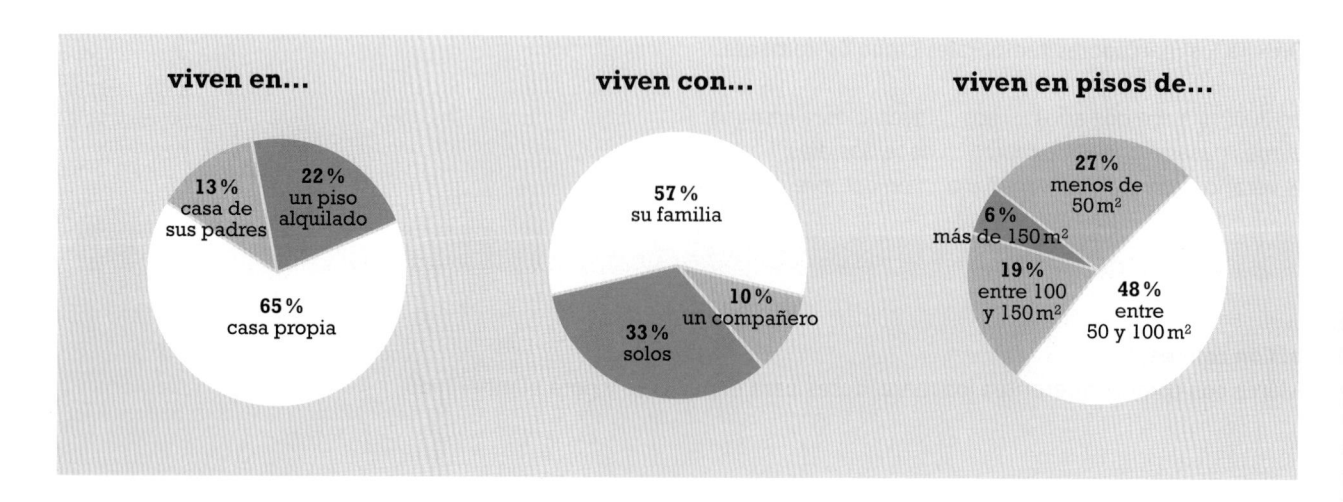

viven en...
- 13% casa de sus padres
- 22% un piso alquilado
- 65% casa propia

viven con...
- 57% su familia
- 10% un compañero
- 33% solos

viven en pisos de...
- 27% menos de 50 m²
- 6% más de 150 m²
- 19% entre 100 y 150 m²
- 48% entre 50 y 100 m²

Pronunciar bien

16 **a. Sílabas tónicas con trampa.**

> Hay palabras españolas que se parecen mucho a las de otras lenguas, pero que tienen una diferencia en su pronunciación: la sílaba tónica, por ejemplo: **professor-profesor**, **therapy-terapia**, **atmosphère-atmósfera**. La pronunciación incorrecta de estas palabras no dificulta la comunicación, pero sí hace que lo que decimos suene menos a español.

b. Lee y marca la sílaba tónica. ▶▶ 22
Lee y marca la sílaba tónica de las palabras en negrita. Luego verifica con el CD.

Me he comprado un **sofá** precioso.
En las vacaciones voy a **Ibiza** o a **Caracas**.
Llamé por **teléfono** a la **farmacia** y pedí una **fotocopia** de la receta.
Estudiamos **matemáticas** y **física** en **Uruguay**.

Portfolio

Ya puedo...	😃	😊	😞
... describir un piso: Mi casa es .... Hay	☐	☐	☐
... hacer cumplidos y reaccionar a uno: ¡........ zapatos más ....! – ¿Tú ....? Pues	☐	☐	☐
... hablar de biografías: Nació en	☐	☐	☐
... hablar del pasado: Vivió varios años en	☐	☐	☐

También puedo...	😃	😊	😞
... nombrar las habitaciones de un piso: el salón, ...	☐	☐	☐
... nombrar los muebles y los electrodomésticos: la cama, ... la lavadora, ...	☐	☐	☐
... indicar el lugar de algo:	☐	☐	☐
... hablar de cantidades:	☐	☐	☐
... conjugar los verbos regulares del indefinido: yo trabajé .... , yo viví	☐	☐	☐
... conjugar **ser** e **ir** en indefinido: yo fui, ...	☐	☐	☐
... diferenciar los marcadores del indefinido de los del perfecto: Indefinido: ayer, ... Perfecto:	☐	☐	☐

3 Mi nueva casa

Comunicación

La casa y los muebles

partes de la casa	el salón	el dormitorio
la puerta	la mesa	la cama
la ventana	la silla	el armario
la terraza	el sofá	la lámpara
el balcón	el televisor	el escritorio

la cocina	el baño
la cocina	la ducha
la nevera	la bañera
el microondas	el espejo
el lavaplatos	la lavadora

Describir el piso

en el centro	en las afueras
tranquilo	ruidoso
antiguo	moderno
viejo	renovado
en la planta baja	en el segundo piso
interior	exterior / con vistas a…

Hacer un cumplido y reaccionar a uno

cumplido	reacción
• ¡Qué zapatos más elegantes!	○ ¿Te parece? Pues son viejos, la verdad.
• ¡Qué salón más grande tienes!	○ ¿Tú crees? No tiene tantos metros.
• ¡Qué mesa más original!	○ ¿Te gusta? Es del rastro.
• ¡Qué práctico!	○ Sí, no está mal.

Dar datos sobre la biografía

Nací en 1975 en Granada.
Fui a la escuela de 1981 a 1989.
Terminé la escuela en junio de 1989.
Empecé en el instituto en otoño de 1989.
En 1995 pasé medio año en Inglaterra.
Terminé mis estudios en 1998.
En 2001 me mudé a León y empecé a trabajar en mi empresa actual.
Me casé en 2004.

Hablar sobre sucesos en el pasado

Xui Xiul se fue a España.
Trabajó varios años en el museo de chocolate.
Cristóbal Colón llevó el cacao a Europa en el siglo XVI.
Los alemanes lo tomaron como una medicina.

Preguntar por el pasado

¿Cuándo comiste chocolate por última vez?
¿Cuándo se mudó usted a nuestra ciudad?
¿Cuándo pasaste el examen?

Decir el momento en el pasado

Ayer. / La semana pasada.
En febrero. / En 2002. / En las vacaciones.
Hace un mes. / Hace un año. / Hace dos semanas.

Gramática

Cuantificadores y pronombres indefinidos

(casi) todos/-as
muchos/-as
la mayoría
la mitad
algunos/-as
pocos/-as
(casi) nadie

El pretérito indefinido

	-ar: trabaj**ar**	-er / -ir: aprend**er**
yo	trabaj**é**	aprend**í**
tú	trabaj**aste**	aprend**iste**
él / ella / usted	trabaj**ó**	aprend**ió**
nosotros/-as	trabaj**amos**	aprend**imos**
vosotros/-as	trabaj**asteis**	aprend**isteis**
ellos/-as / ustedes	trabaj**aron**	aprend**ieron**

	ser / ir
yo	fui
tú	fuiste
él / ella / usted	fue
nosotros/-as	fuimos
vosotros/-as	fuisteis
ellos/-as / ustedes	fueron

Marcadores para el indefinido y el perfecto

indefinido	perfecto
ayer	hoy
la semana pasada	esta semana
el domingo (pasado)	este domingo
en 2002	este verano
hace tres años	todavía no
la última vez	alguna vez

El indefinido hace referencia a acciones dentro de un periodo en el pasado que el locutor considera cerrado. El perfecto se usa cuando hablamos de acciones dentro de un periodo que el locutor no considera cerrado (*esta semana*) o cuando el momento no tiene importancia (*alguna vez*). El tiempo transcurrido objetivamente no es decisivo.

Mirador 4

1 Vocabulario y estructuras gramaticales.
Lee esta postal y marca en cada número la palabra correcta.

1. ☐ en
   ☐ a

2. ☐ voy
   ☐ voy a

3. ☐ llegó
   ☐ llegué

4. ☐ se adaptar
   ☐ adaptarse

5. ☐ soy
   ☐ estoy

6. ☐ tampoco
   ☐ también no

7. ☐ lluvia
   ☐ llueve

8. ☐ —
   ☐ a

9. ☐ simpático
   ☐ simpáticos

10. ☐ tenemos que
    ☐ tenemos

Querida Beatriz:

Ya estoy [1] Cusco, ¡y es de verdad un lugar maravilloso! Desde aquí [2] hacer la ruta del Camino Inca. Yo [3] unos días antes de empezar la excursión, porque es importante [4] a la altura. No he tenido problemas con el "soroche". Además [5] una persona deportista y por eso creo que [6] voy a tener problemas con los pies... Y eso que vamos a subir y subir por la montaña, con la mochila, y a veces bajo la [7].
Ya he conocido [8] algunos de mis compañeros de viaje y son todos muy [9].
Bueno, te escribo a la vuelta. ¡Mañana [10] levantarnos a las cinco de la mañana!

Un abrazo,
Arturo

2 a. Comprensión auditiva (selectiva). ▶▶ 23–26
Lee las frases y escucha cada texto dos veces. Luego marca si las frases son correctas (+) o falsas (–).

1. Situación:
Escuchas un programa de radio sobre el Camino de Santiago. Escucha lo que dicen:
☐ El Camino Francés pasa por Pamplona.

2. Situación:
Una actriz habla de su vida y comenta lo siguiente:
☐ Los fines de semana quiere hacer muchas cosas.

3. Situación:
Estás en un restaurante y quieres el menú del día. El camarero te dice:
☐ No puedes comer gazpacho hoy.

4. Situación:
Una amiga se ha mudado a un nuevo piso. Te comenta:
☐ Todavía no ha tenido tiempo de comprar todo lo necesario.

b. Comprensión auditiva (detallada). ▶▶ 27–30
Lee los diálogos y escucha cada texto dos veces. Luego marca las respuestas correctas.

1. • ¿A qué hora llega el tren?
   ○ Pues yo creo que a las ....
   a. 10.15   b. 10.40

2. • ¿Cuántos kilómetros son?
   ○ Unos ....
   a. 50   b. 500

3. • ¿Cómo se llama la montaña que se ve desde la Paz?
   ○ .... Se escribe con elle.
   a. Illimani   b. Iyimani

4. • ¿Tú sabes en qué año llegó el chocolate a Europa?
   ○ En ...., en el cuarto viaje de Cristóbal Colón.
   a. 1504   b. 1540

4 Mirador

3 Respuestas adecuadas. ▶▶ 31
Lee las respuestas a – e y escucha dos veces las preguntas 1 – 4. Luego elige la respuesta adecuada para cada pregunta.

1. ☐
2. ☐
3. ☐
4. ☐

a. En el salón.
b. Sí, buena idea.
c. A mí tampoco.
d. Yo también.
e. No, nada, gracias.

4 Comprensión lectora (detallada).
Lee primero el correo electrónico y luego marca si las frases son correctas (+) o falsas (–).

Maria Elena…
1. ☐ quiere visitar a una amiga que vive en Madrid.
2. ☐ no puede llegar antes de las 7.
3. ☐ no ha visto a su amiga durante mucho tiempo.

> Querida María Elena:
>
> Vienes ya mañana, ¡qué bien! No sé si me has dicho a qué hora llegas, pero he olvidado decirte que salgo un poco tarde de la oficina. Como soy nueva, no puedo salir antes de las siete. Si llegas a Madrid antes de esa hora, no pasa nada porque mi vecina tiene la llave de mi piso. Y si quieres, puedes tomar un café en la cafetería de al lado. Es un café tradicional.
> ¡Qué ilusión pasar el fin de semana juntas después de tanto tiempo! ¡Va a ser un fin de semana completo!
> Nos vemos pronto.
>
> Un abrazo, Carmen

5 Expresión escrita.
Vas a hacer un curso de español en Málaga y quieres vivir con una familia. Escribe un correo (unas 40 palabras) a la Sra. Sánchez y habla de estos puntos. Empieza y termina la carta de la forma adecuada.

- Habla un poco de su curso.
- Pregunta algo sobre la casa de la Sra. Sánchez.
- Pregunta algo sobre Málaga.

Estimada señora…

6 a. Expresión oral: presentarse.
Cuenta algo sobre ti mismo. Di seis frases como mínimo.

¿Nombre? ¿Cómo se escribe? ¿Edad? ¿Familia? ¿Lugar de residencia? ¿Trabajo? ¿Idiomas? ¿Tiempo libre?

b. Expresión oral: intercambiar informaciones.
Formula dos preguntas refiriéndote a dos de estos temas y contesta a las preguntas de tu compañero.

profesor/a | libro | trabajo | coche | viaje | hotel | fin de semana | comida | vivienda | compañeros/-as | montaña | ordenador

- ¿Cómo se llama tu profesor?
- Joaquín.